1880 CENSUS

MACON COUNTY, TENNESSEE

Transcribed by

BYRON SISTLER
BARBARA SISTLER

Janaway Publishing, Inc.
Santa Maria, California
2018

1880 Census: Macon County, Tennessee

Copyright © 1993 by Byron Sistler
All rights reserved.

Originally published, Nashville, 1993

Reprinted by:

Janaway Publishing, Inc.
732 Kelsey Ct.
Santa Maria, California 93454
(805) 925-1038
www.JanawayGenealogy.com

2018

ISBN: 978-1-59641-399-3

Made in the United States of America

INTRODUCTION

The entries are arranged alphabetically by head of household. In general an entry comprises all members of a given household in the order they appear on the original schedules; any individuals whose surname differed from that of the household head are shown as a separate unit.

An asterisk (*) identifies each entry which does not consist of an entire household.

The symbol (B) identifies black or mulatto individuals or families. If the (B) follows the first name in the entry it means the entire household is black. Where the household is mixed, each black person is separately identified with the (B).

The symbol (I) was supposed to identify Indians, but actually was used by the enumerators to represent various racial mixtures.

The number after each name stands for the person's age. An entry reading <1 means a child under one year of age. The number in parentheses at the end of the entry indicates the stamped page number on the original schedules. Since the stamped number appears on every other page, the page following the numbered one assumes the same number.

It should be remembered that the 1880 census schedules included information not previously required. Of primary interest to the genealogist is the data concerning relationship of each member of the household to the household head--wife, son, grandson, etc. Also of great importance is the fact birthplace of not only the individual but of each of his parents was included. This information is not shown on this transcription; consequently the researcher should make every effort to examine, or have someone examine, the original schedules.

Sistlers

Nashville, TN
February 1993

1880 Census Macon County Tennessee

---, Ruth 21* (1)
ABNER, Nelson 35*, Luisa 33, Robert 8, Jolly A. 6, Berty P. 4, Joseph F. 2, William H. 2/12 (99)
ACKERSON, R. 38 (f)* (B), Malcom 10, Lazra 5, Authar 5 (96)
ADAMS, Amadoum 24* (70)
ADAMS, Amanda 14* (26)
ADAMS, Andrew J. 16* (13)
ADAMS, Bayly 21 (B), Alice 22, Hubert L. 1, no name 1/12 (f) (39)
ADAMS, D. 40 (m), Eliza J. 37, Martha E. 10 (40)
ADAMS, David T. 55, Elizabeth 52, Mary E. 32, Samuel C. 20, John J. 17, Thomas C. 15, Sarah J. 7 (69)
ADAMS, Dayly 27 (B), Nelly 26, Zacariah 8, Abraham 6, Louella E. 3, Sarah S. 1, no name 9/12 (m) (40)
ADAMS, E. Guss 26*, Nancy E. 20, Flo? C. 1 (47)
ADAMS, Ed 27 (B), Ann 28, Hannah 17, Jake 15, Eddie 14/, L--, Martha? 7, Mary? 5, Tabitha? --, Johny 3/12 (42)
ADAMS, Elizabeth 81?* (38)
ADAMS, Eveline 58* (B), Etta 12, Rody 11 (48)
ADAMS, Frank 25 (B), Rachel A. 24, Walter 2/12 (45)
ADAMS, Frank 58, Susan? 62, Catharine 82 (41)
ADAMS, G. M. 26*, Mary E. 21, Ida 2 (25)
ADAMS, Green 26*, Eliza A? 18 (15)
ADAMS, Hamp 50* (B), Permelia 48, Baily 20, James 16, Eligah 16, Henry 22, Betty P. 6 (49)
ADAMS, J. H. 7 (m)* (B), B. C. 5 (m) (39)
ADAMS, J. M. 36 (m), Frances 37, Margerett 11, Cassaday 9, William 7, Samuel C. 1 (95)
ADAMS, Jack 40 (B), Martha 34, Charley 13, James 11, Fanny 10, Laura 9, Willie 6, Irvin 1/12 (52)
ADAMS, John A. 72*, Eliza A. 71 (42)
ADAMS, Jonathan W. 56, Almira 39, Valera A. 14, Clarence R. 11, Samuel C. 9, Mattie F. 6, Walter W. 1 (44)
ADAMS, Lewis H. 28, Lou E. 21, Oscar 1/12 (44)
ADAMS, Margeret 25*, Gilbert 23 (98)
ADAMS, Mary A. 49 (B), Levi 30, Fanny 17, Linda 74, Elizabeth 30, Henry 9, Mary 2 (52)
ADAMS, Moses 27 (B), Jane 29, William 12, Mary 9, Henry 6 (24)
ADAMS, Moses 27 (B), Mary J. 24, James H. 7, Louella 4, Permelia 3, Lucius A. 1 (52)
ADAMS, N. M. 45 (m)*, Louella 5, James 2 (40)
ADAMS, Nancy R. 76, Lucinda 41 (B), Dora 16 (B), Pany 11 (B) (44)
ADAMS, Peter 22 (B), Roda 23, Mary 4, Sallie 1 (4)
ADAMS, Solomon 39, Jane 45, Judy M. 20, Sarah E. 18, Lutita J. 16, Amanda J. 11, Willis S. 10, Samuel W? 6? (43)
ADAMS, Solomon A. 51, Elmira J. 45, Jonathan A. 26, Clara R. 23, William F. 17, Robert M. 15, Nancy L. 13 (46)
ADAMS, W. T. 44, Ardena 16, John W. 15, Andrwe J. 13, Martha C. 11, Joshua 7 (42)
ADAMS, W? H. 42, Mollie 37, Nathan A. 14, Jesse C. 12, William 16, Edgar 8, Luther 5, Claude 2 (41)
ADAMS, William 19 (B), Sarah 21 (39)
ADAMS, Wilson 35* (B) (3)

1880 Census Macon County Tennessee

ADAMSON, Henry 30*, Mary J. 38, Joe 17, Nancy P. 8, Maggie 1 (55)
ADKISSON, J. W. 71 (m)* (18)
AKEN, William 25, Patience 22, Luther 3 (31)
ALDRIDGE, Calib 51, Cassia 48, Levi F. 15 (11)
ALEXANDER, H. W. 54 (m), Mary? 35, Mary? S. 25, Sarah? C. 14, Lazinkie 12, Rousseau 19 (37)
ALEXANDER, Jas. 21*, Matilda 22 (37)
ALEXANDER, M. N. sr. 61*, Minerva C. 58?, Matt? N. jr. 21 (2)
ALEXANDER, Thomas 45*, Elizabeth A. 37, Lenora 13, James E. 11, John M. 9, Mary E. 7, Blanch 5, William M. 2, no name 4/12 (m) (41)
ALLEN, Frances 20* (B) (84)
ALLEN, G. Wither 56, Margeret E. 63, Huston R. 29, Tabitha W. 28, Margaret E. 26, Wilson Y. 23 (85)
ALLEN, Henry 19* (B) (39)
ALLEN, James 7*, Hannah? 9 (20)
ALLEN, Jesse 68, Parthena 47, Louisa 23, John 20 (9)
ALLEN, Ora L. 11* (3)
ALLEN, Tom 17* (B) (28)
ALLIN, James M. 28, Sarah E. 24, Charley A. 5, Mattie E. 3 (73)
ALLIN, John 19* (12)
ALLIN, Zacharia B. 20, Mary L. 18 (73)
ALVIS, Jasper 28, Helena A. 26, Dolly E. 3, Roberta 1/12, Elizabeth 42, Ann 27 (24)
ANDERSON, James 52, Nancy A. 35, Gunton F. 19, Henry B. 9, Alford G. 7 (99)
ANDERSON, Joe 18* (29)
ANDERSON, Matthew 80, Luticia 32 (18)
ANDERSON, Nancy 70, Elizabeth 68 (47)
ANDREWS, Albert 51, Margeret H. 38, Thos. W. 15, John R. 5 (6)
ANDREWS, Drewy A. 48, Sarah J. 39, John F. 21, Gemima E. 17, susan A. 15, Allen E. 11, Henry A. 9, Charles P. 1 (66)
ANDREWS, H. 30 (m), Susan 27, John H. 5?, William G. 4, Eliza J. 3, Mary S. 1/12 (6)
ANDREWS, Henry H. 36, Uthema A. 30, Luverna S. 10, Eliza J. 9, Jasapha 6, Lucy F. 4, George W. 1 (66)
ANDREWS, John 73*, Margaret 45, Eli C. 22, Lee F. 16 (66)
ANDREWS, Marilda C. 10* (66)
ANDREWS, Martha 49* (66)
ANGEL, Martin 49*, N. A. J. 39 (f), James N. 20, Ella M. 17, G. H. 15 (f), John F. 12 (25)
APPLES, Thomas 27* (B) (52)
ARCHER, Benjamin F. 21* (72)
ARCHER, John M.? 54, Delila 53, John P. 28, Silas M. 25, Eliza G. 17, William T. 14, Johnothon M. 2 (74)
ARCHER, Joseph E. 30, Mary F. 22, John M. 5, Joseph N. 3, Delila E. 1 (74)
ARCHIE, Alice 16* (23)
AUSTIN, H. S. 42 (m)*, Martha J. 34, Wm. T. 16, Robert L. 12, Jessie N. 8, Kilpatrick 6, Jimmie 3 (23)
AUSTIN, Martha 58, Andrew 27, Sarah A. 31, Martha C. 13, John R. 11 (90)
AUSTIN, Miles C. 35*, Sarah E. 38, John L. 16, Judy C. 11, Sarah R. 8, William S. 7, Martha 5 (94)
AUSTIN, Pheby 69* (62)

1880 Census Macon County Tennessee

AYERS, F. S. 54 (m), Mattie 18, Mary H. 16, Eliza L. 14, Josie E. 12, Francis M. 7 (41)
BAILY, William 37, Sarah M. 33, Mary L. 9, Nora 4 (47)
BAKER, Mary 44* (84)
BALLARD, Louisa 52* (76)
BALLENGER, Cyrus 29, Eady 28, Jeremiah 10/12 (91)
BANDY, Bishop L. 35, Cirena C. 24, Mary E. 1 (82)
BANDY, Fredric T. 44, Mary S.? 30, Lovena 16, Laura F. 13, Nancy A. 10, Flora E. 8, Henry L. 3, Mandy J. 2, Sarrilda E. 9/12 (76)
BANDY, George M. 44, Lucinda S. 42, William Y. 18, Wiley S. 15, Walter J. 13, Martha M. 12, Perlia H. 7, Freeley S. 3 (m), Narcissus M. 8/12 (81)
BANDY, Green H. 55, Elisabeth 49, Jefferson D. 17, Mary L. 14, Sidny J. 12, Henry C. 5 (18)
BANDY, John D.? 35, Elerhin? 35 (f), Mark H. 4, Baler 12, Dolley F.? 9, Willie H. 6, Celie U. 10/12 (82)
BANDY, Joseph W. 40, Flora A. 35, James A. 13, Sarah A. 10, Neil J? 8, Martha A. 5, Floratta? M. 2 (18)
BANDY, Lewis 32, Martha W. 34 (82)
BANDY, Louis R. 46, Mary E. B. 35, Mandy J. 11, Martha? C. 9, Edna F.? 7, Phula? 4, Baby 1/12 (f) (76)
BANDY, Thomas 72, Elizabeth 73?, Charley F. 20 (81)
BANDY, Wesly L. 42, Margret A. 32, Rosilla F. 19, Robbert Y. 17, Martha E. 12, Lizy E. 8 (82)
BARBEE, Edward 64, Narcissus M. 59 (80)
BARBEE, Francis T. 58, Roda 49 (80)
BARBEE, George Y. 32, Eliza 32, Charley N. 11, John E. 9, James R. 6, Cansatia P. 3, William S. 1 (81)
BARBEE, H. W. 27 (m), Frances 26, Mollie A. 3 (31)
BARBEE, Monervy 53, Ella 20, Arrila C. 26, Charley E. 12 (81)
BARBEE, William 62, Emily 59, Margret A. 24, William M. R. 17, James W. S. 15 (80)
BARBEE, Yancy D. 32, Polly W. 67, Mary S. 40, Canelie H. 14 (81)
BARBER, Franklin 21, Elmarine 25 (38)
BARBER, Sally 57*, Alexander 17 (38)
BARBER, William 58, William F. 21, Sarah S. 21, Rebecca S. 1/12 (13)
BARE, Adaline 21* (98)
BARNFIELD, Jerry 34, Sallie 30, William 14, Hester 6/12 (26)
BARNFIELD?, John 65, Betsy 55, William 30, L-- 30, Eddie 6, John 4, Samuel 8/12 (26)
BARR, Acy 22, Victoria 17 (99)
BARROW, Henry C. 46, Victoria A. 26, Caroline 62 (58)
BARTON, Dobson 64, Rebeca A. 57, Malgigo D. 23 (m), Obye 22, Margarett A. 19 (87)
BARTON, Lenora A. 12* (59)
BARTON, M. J. 31 (m), M. S. 27 (f), R. M. 5 (m), B. S. 4 (m), W. D. 3 (m), E. V. 1 (f), unnamed 2/12 (f), J. T. 27 (m) (8)
BEAL, Neal 29, Lucinda 35, Luisa E. 7, Laura J. 4, Henry B. 3, Ella B. F. 7/12 (95)
BEAN, Jerry 45, Mary E. 41, Ella N. C. 11 (90)
BEARD, H. G. 31 (m), Mollie 19 (33)
BEASLEY, John 55, Celia 47, Sarah E. 22, Milly N? 24, James E. 19, George C. 18, Lochie J. 16, Wm. J. 14, Hezekiah 13, Lucinda 11, Nancy J. 10, Henry T. 7 (29)
BEASLEY, Josah H. 45*, Amanda J. 43, Virgnia 13 (72)

1880 Census Macon County Tennessee

BEASLEY, Peter 31 (B), T. 19 (f) (28)
BECKNER, Cleartey? B. 29*, Polley A. 30, John H. 11, Mary E. 8, Wm. T. 6, Manda S. 4, Joseph F. 1 (59)
BECKNER, Joseph F. 24, Amanda J. 23, Robt. A. 4, Mary C. 2, Charley M. 1 (61)
BECKNER?, Thos? B. 32*, J. A. 28 (f) (9)
BEEN, James 65, Willes H. 65, Sarah E. 32 (86)
BEESLEY, Permelia 14* (B), Mary 9 (39)
BEESLY, Peter 30 (B), Tabitha 20 (52)
BELK?, William M. 24, Sarah J. 21, Lueller 3, Charley N. 1 (70)
BELL, John 34, May A. 30, James W. 9, Riley D. 6, Wiley H. 2 (85)
BELL, Susan 38* (94)
BELT, Dodson 53 (50)
BELT, Milton 30, Melilnda 35, Molly F. 1 (49)
BENILE, Jas. A. 22, Sarah E. 21, M. M. J. F. 4 (f), Wm. A. 2, Franklin 7/12 (22)
BENNET, Elizabeth 17* (39)
BENNET, James 45, Elizabeth F. 30, Gus W. 21, Robert A. 20, Nolia 10, John F. 8, Bertie 4 (f), Maggie 2, Thomas 10/12 (45)
BENNETT, James D. 54*, Fanny 36, Allen S. 34, Frank O. 12, James W. 7, Kate M. F. 4, John B. 3/30 (84)
BENTLE, Joseph 18, Bettie 24, Gertrude 10/12 (25)
BENTLE, Laborn 50, Lea A. 36, Marget A. 11, Mary A. 7, James 2 (42)
BEVEL, Milly J. 35* (99)
BINNION, Susan 50, Robert 17, Celia 14 (27)
BLACK, Permelia 15* (B) (99)
BLACK, Wm. 35*, Fannie 34, Lawson 7, Maud 5, Grayson 2, Belle 1 (32)
BLACKWELL, Chas. 44, Betsy E. 27, Charles W. 15, Sarah E. 10, G. E. 1 (m) (31)
BLANKENSHIP, Asa 36, Amanda 29, Mary E. 10, Martha J. E. 4, Cicero C. (May) (77)
BLANKENSHIP, B. M. 19 (m)*, Harriet C. 22 (13)
BLANKENSHIP, D. 45 (B), Matilda 40 (25)
BLANKENSHIP, E. 44 (m), Elizabeth 35, John G. 20, Washington 18, Sarah F. 15, Nancy F. 7, Mary 3, Matilda 1/12, Nancy 31 (34)
BLANKENSHIP, I. 49 (m), Missouri 34, Mary E. 9, Amanda 8, James A. 6, Martha F. 4, Lucy J. 2, Joel 81 (36)
BLANKENSHIP, J. 53 (m), Mary 49, Sarah 22, Mary 20, Moses W. 18, Milly 16, Robert 13, Nathan 11, Isabel 10 (34)
BLANKENSHIP, Joel 47, Sarha F. 38, Jefferson D. 18, Melissa A. 14, Mary E. 12, Lucinda 11, Chas. S. 9, Thos. W. 7, Alda B. 4, Alonzo B. 2, no name 8/30 (f) (36)
BLANKENSHIP, Joel 49, Doshia E. 46, Nelson 18, Sarah 16, Celia 14, Goleman 6, Meador 4, Lydia 2 (34)
BLANKENSHIP, Sam 45, Susannah 47, Sarah M. 6, Lentinta 4, Isham 75, Daniel 50 (34)
BLANKENSHIP, Sarah 38, Mortica H. 25 (m), John W. 16, Alfred H. 14, Mary A. 12, George R. 9, Mandy S. 6 (78)
BLANKENSHIP, W. 32 (m)*, Elizabeth 25, Laura 4, Lawson 3, Nettie 1 (31)
BLANKINSHIP, David 63, Juda 68 (f), Sarah 76 (79)
BLANKINSHIP, Hezekiah 50*, Mary J. 40, James H. 17, Smith 15 (70)
BLANKINSHIP, Isum B. 49*, Malinda J. 45, Sarah E. 22, Robbert W. 17, John W. 15, Wiliam W. 13, Lavina J. 11, Andrew J. 9, Celie C. 7, Martha P. P. 4, Walter T. 2, Wiley S. 2/12 (80)

1880 Census Macon County Tennessee

BLANKINSHIP, Joseph 9* (73)
BLANKINSHIP, Stephen? 38, Catherine J. 38, Joseph D. L. 13, John H. B. 12, Abner W. 10, Stephen B. 6, Cloe N. 4, Fountain M. 1 (79)
BLANKINSHIP, Wesly 26, Sarah J. 28, Ritchard F. 11, John? W. 9, Henry B. 4, Nancy S. B. 1 (75)
BODINE, Robert 17* (49)
BOHANON, David C.? 64, Tobitha J. 40, Nancy J. 30, John S. 20, James Wm. 17, Josiah 15, Arminda F. 6, Mary E. 6 (75)
BOHANON, Elizabeth 26*, Joel W. 5 (79)
BOID, Williams 46, Mary 63, Robert W. 21 (53)
BONNER, M. J. 54 (m), Nancy A. 47, William B. 16, Henry K. 15, Bengamin D. 13, Ed D. 11, Fanny M. 8, Laura B. 6, Clay F. 4 (50)
BONNER, R. S. 22 (m), N. L. F. 20 (f) (26)
BORDEN, John 58, Mary 60, Bettie 25, Samuel 21, May L. 20, Mandy 14 (85)
BORDER, Mary F. 20*, Isadora 16 (86)
BOUNDS, Nan 21* (B) (84)
BOYD, R. L. 47 (m), L. A. 46 (f), J. A. 21 (f), M. A. 19 (f), M. A. 17 (m), W. J. 15 (m), T. J. 12 (m), R. A. 10 (m), M. E. 8 (f), J. A. 4 (m) (21)
BOYLS, James 25* (B) (41)
BRADERUN?, Allen 25* (B) (30)
BRADLEY, Buck 35 (B), Mariah J. 23, Cora B. 3, Taylor C. 2/12? (14)
BRADLEY, Clarence 7* (3)
BRADLEY, Geo. W. 29, Nancy J. 26, Henry C. 5 (4)
BRADLEY, Georg W. 52* (B), harriet J. 40, Samuel 15, Mary Liz 141, Rinar M. 13, Mimican H. 1, William D. 6, Hugh L. 4, Sarah J. 2, Sant 1 (71)
BRADLEY, J. D. 45 (m), S. F. 45 (f), W. L. 13 (m), Susan 11, J. A. 6 (f), Marlie 2 (25)
BRADLEY, John A. 28, Mary H. 23, Mattie 4/12 (3)
BRANDON, G. W. 49 (m), Martha 38, Mary 23, Manda 18, Williams 14, Lousinda 11, Flourday 1 (84)
BRANDON, J. A. 55 (m), Mary L. 41, Alex G. 17, Nancy M. E. 14 (87)
BRANDON, James 29, Mary 25, Martha J. 6, Ader B. 2, Mary 8/12 (92)
BRANDON, John W. 43, Martha H. 40, Wm. 18, Wesley 14, Mary H. 12, Frances 9, Florance 6, John 3 (58)
BRANDON, Mary 50 (87)
BRANDON, MaryAnn 77* (70)
BRANSFORD, Alfred T. 36, Drucilla J. 33, Hugh M. 11, Medora A. 5, Johnie M. 3 (59)
BRANSFORD, Alice 23* (B) (45)
BRANSFORD, Arch 45 (B), Ellen 38, Jacob 16, Richard 13, Aggy 7, Jordan T. 16, Frank 4 (42)
BRANSFORD, Flesher 24 (B), Harriet 21, Dicy 1 (44)
BRANSFORD, Franky 40 (f) (B), Abram 17, Fanny 22 (44)
BRANSFORD, Robert 16* (46)
BRANSFORD, W. S. 61 (m), Gemima E. 45, Brina E. 19, Richard C. 13, Martha M. 8, Henry H. 5 (47)
BRANSFORD, Wesly 45* (B), Judy 60, Martha 18, Sally 16, Lewis 10, Willie 2, Scott 1 (47)
BRANSFORD?, R? C. 51, Helena 46, Willie D? 17 (41)
BRATTON, Clint 40 (B), Martha S. 25 (45)
BRATTON, Elisabeth 66 (12)

1880 Census Macon County Tennessee

BRATTON, Henrey C. 37, Elisabeth A. 35, Robert E. 9 (12)
BRATTON, Henry 52 (B), Rebecca 40, Mat 15 (f) (45)
BRATTON, Rachel 49, Cornelia A. 16, Charles C. 14, William A. 11 (6)
BRATTON, Robert W. 43, Elizabeth S. 33, Victora T. 8, Laura J. 18 (59)
BRATTON, Thos. J. 36, Agnes M. 34, James W. 12, Charles J. 9, John M. 7, Robert H. 5, Emma D. 6 (12)
BRATTON, Tobe 19* (B) (29)
BRATTON, Wm. B. 30, Martha C. 26, Mary E. 6, Bernett 4 (f), William B. 2? (12)
BRAWNER, Henry L. 44, Sarah E. 42, Henry 12, Nannie V. 10, Thomas C. 6 (67)
BRAWNER, Jerry M. 85*, Elizabeth 40, Jerry P. 27 (68)
BRAWNER, John H. 38, Matilda S. 36, Sarah F. 16, Hannah A. 15, John L. 12, George R. 9, Peyton A. 9, Charles F. 5, Emma E. 3, Susan 1 (58)
BRAWNER, King 14* (67)
BRAWNER, Sampson 23*, Mary E. 25 (67)
BRAY, James 64, Catherine 56?, Burford 26, Elisabeth 22, Laura 20, Alexander 18, Bell 15, Johnetta 12, Ginnetta? 10 (7)
BRAY, Marlin 31* (72)
BRAY, Ritchard P. 42, Nancy D. 38, Venie 17, William 15, Sarah E. 13, Roburty 9, Effa 1 (75)
BRAY, Samuel T. 17*, Silas H. 15, Sarah 17 (74)
BRAY, William 25, Sarah A. 23, James J. 4, Burl T. 2 (75)
BRAY, Wilson 32, Elizabeth M. 33, Chas. C. 15, Solomon S. 12, Martha E. 11, Franklin 9, Anglia 7, Allen P. 2 (90)
BRIGGS, Laura 14* (84)
BRITTON, E. H. 40 (m)*, Camila J. 35, Frances C. 12, Hugh A. 10, Robt. E. 8, Edgar H. 5 (5)
BROCKETT, Harvy 45, Mary J. 38, James H. 18, Luther Mitvius 14, Martha Jatine 14, Henry J. 12, Elmer E. 10, Alla M. 8, Thomas W. 6, Earnest D. 4, Benjamin E. 2 (97)
BROCKETT, M. L. 13 (m)* (3)
BROCKETT, Marlin 49, Tabtha 41, Bettee B. 23, Newton L. 22, harvy H. 20, William C. 18, Cyrus J. 16, Charley D. M. 14, Lucy J. 11, Joe E. 9, Alma M. 6, Claud T. 4, Georg W. 2 (98)
BROOKS, Daniel H. 34, Mary C. 29, William H. H. 9, Shelvy R.P. 7 (m), Nancy J. 4, Martha A. 2 (79)
BROOKS, David? W. 30, Rachel E. 27, Martha A. 9, Darthula J. 6, Harriet L. 5, Robert S. 4, Margaret C. 3, Juda A. 1 (1)
BROOKS, Henry 28*, Martha 36, V. L. 1 (f) (31)
BROOKS, Henry T. 27, Lucy J. 36, John R. 7, James G. W. 5, Enoch J. 3, Thomsa S. 1 (79)
BROOKS, Horny? B. 30, Emely J. 31, Riddly D. 7, Noah E. 6, Cornilia C. 3, Irven 3/12 (4)
BROOKS, J. R. 36 (m)*, Mary E. 27 (6)
BROOKS, James M. 22, Martha D. 20, Edgar F. 3, Ella C. 2, Mary A. 1 (86)
BROOKS, L. T. 45 (m), Mary J. 41, Wilson M. 21, Martha J. 17, Thos. S. 14, Jeanne? 12, Sarah T. 9, Grove R. 8, Louisa 6, Charles F. 3, Albert C. 8/12 (7)
BROOKS, Mary A. 46*, Nathanial 10, Matilda 9 (85)
BROOKS, S. S. 50 (m)*, Minerva J. 46, William R. 15 (6)
BROOKS, W. A. 23 (m), H. J. 22 (f), Martha? S. 8?/12 (7)
BROWN, Emma 28*, Jessie 17 (54)
BROWN, Frances 15* (B) (21)

1880 Census Macon County Tennessee

BROWN, John R. 37, Amanda M. 39, Geo. B. 4 (2)
BROWN, John W. 34, Nancy J. 28, Mary E. 11 (3)
BROWN, Joseph B. 68*, Alvina 46, Marinda 41, L. F. 22 (m) (65)
BROWN, Nelson 64*, Caroline L. 57 (2)
BROWN, Wilson 29* (29)
BROWNER, J. M. 57 (m), Mary J. 57, R. M. 22 (f), James S. 20, Thos. N. 17, Henry H. 14 (9)
BRYANT, Daniel 40, Mary 34, Sallie 19, Arthur 14, Mary A. 10, Ida 9, James L. 7, Alice 5, John 2, Leathie E. 3/12, Minnie 1 (32)
BRYANT, V. B. 45 (m), Mary L. 36, John D. 12, William 11, James T. 9, Charley L. 6, Henry M. 4, Barttell B. 1 (85)
BUDRUM, John J. 31, Elizabeth E. 31, Hulet 11, Martha 9, Balis P. 4 (77)
BUIE, William L. 55*, Emly 50 (73)
BURFORD, P. H. 36 (m), Mollie 30, Claud 7 (92)
BURGETT, Peter 23, Julia 18, James 18, John 14, Birdie 6/12 (32)
BURNES, Dug 20*'(55)
BURNES, Gid 28, Nancy 20 (10)
BURNLEY, Rachal C. 69*, Mary E. 44, Melinda D. 42, Alexander P? 34, Sarah A. 30 (48)
BURNS, Gregory D. 73, Elisabeth 67, Margaret S. 19 (7)
BURROW, Charley 18* (65)
BURROW, Ester 80* (B) (58)
BURROW, George W. 35 (B), hester 32, Mary J. 13 (58)
BURROW, James W. 39, Emly J. 40, Martha S. 18, Laura A. 12, Ida E. 6 (64)
BURROW, Jarre A. 38, Victoria 24, James W. 3, Lonnie A. 1 (57)
BURROW, Joseph 29?, Florence 21 (12)
BURROW, Sim 15* (B) (58)
BURROW, Thomas 29 (B), Mary F. 24, Willie 12, Andrew 6 (57)
BURROW, Wm. J. 41, C. F. 16 (m), John 13 (64)
BURROW, Wm. S. 71*, Mary A. 48, Zachariah T. 39, Fannie 9, Mary J. 27, Charley F. 7, Roy 3, Rhoda 50 (B), John 15 (B), Burrow 12 (B) (55)
BUSH, Lucinda 29, Frances J. 2 (91)
BUTCHER, Joshua 44, Allie M. 48, Martha N. 16 (63)
BUTLER, Amanda 36* (32)
BUTLER, Buck 67, Sallie M. 41, James C. P. 16, Luther W. 14, Kittie A. 12, Milton A. 11, Emily P. 8, William H. 6, Burton W. 3 (91)
BUTLER, Jack 58, Lucinda 58 (89)
BUTRAM, Bishop 28, Sarah 38, C. A. 18 (f), Samantha 14, George 10, Joseph E. 7 (39)
BUTRUM, Jacop 37, Beckey J. 42, William W. 13, Cenie M. M. F. 10, Joseph W. 5 (78)
BUTRUM, Mary C. 28* (78)
BUTRUM, Oda? 33* (70)
BUTRUM, Pleasant 67, Harriet V. 51, Henry E. 17, Nathaniel E. 9 (78)
BUTTLER, Jorome 42, Mary C. 37, Margrett A. 15, Van M. 14, John H. 12, Martha A. 9, Franklin 5, Talitha F. 3, Cloid 5/12 (87)
BUTTLER, William S. 26, Eliza J. 22, John W. 4, Alta F. 2 (87)
CAGE, A. B. 31, Mary 54 (40)
CAGE, Thomas J. 28* (54)
CAGE, William P. 54, Eliza 41, James S. 23, Amanda 20, Eliza P. 15, William L. 12, Alpha C. 10, Martha A. 7, George A. 3 (95)

1880 Census Macon County Tennessee

CAGE?, Mary? 26, Millie 12?, Mary 8, William 7, — 1 (f) (40)
CANADY, S. B. 28 (m), Mary E. 24 (93)
CANADY, William C. 35, Sarah R. 29, Jessey W. 11, John P. 10, Mary E.? 8, Martha J. 6, Clarke S. 5, Sarah A. 3, Charley F. 1 (85)
CANADY, William C. 61, Clarkey 55, Alfred A. 18, Sarah T. 13 (71)
CANDERS, Thomas 19* (82)
CANDLER, Felby? 55 (f)* (17)
CANDLER, Nira S. 55* (20)
CANES, Lucinda 56, Benton 19, Granville 15, Leonard 14, Della 7 (34)
CAPSHAW, W. J. 28 (m), Elisabeth 22, Martha A. 1 (8)
CARMAN, Eliza 50* (B), Mary 13 (57)
CARMAN, Judy 90* (B) (39)
CARMAN, S. A. 51 (m), Mary 45, Charles E. 26, Phillip A. 23, M. A. 19 (m), John E. 17, Marian 11, Mary E. 9 (22)
CARMAN, W. R. 49 (m), Nancy J. 47, Elizabeth 25, Sarah J. 20, Wm. R. 18, Martha 16, John T. 10, Nellie H. 6 (22)
CARPENTER, K. 17 (m)* (B) (30)
CARR, Allen J. 27, Sarah E. 21, Don 10/12 (47)
CARR, Allen M.3 5, George E. C. 28, Mertle 2 (48)
CARR, Andrew 66*, Elizabeth 70 (48)
CARR, Baily 22* (B) (47)
CARR, Benjamin 23* (B), Rody 36 (44)
CARR, Caroline 50 (B), Mary B. 18, Taylor 14; John 12, King 8 (42)
CARR, Charity 78, Darthula 33 (42)
CARR, Claiborne 50 (B), P. 40 (f), J. 18 (m), M. A. 16 (f), Robert 15, H? C. 10 (m), E. 8 (m), John 2 (26)
CARR, Eliza P. 66, J. D. 31, Susan 29 (21)
CARR, Halem 36, Mary J. 32, Noel 1 (47)
CARR, Henry 49* (B) (41)
CARR, J. W. 36 (m), M. J. 34 (f), Wm. H. 14, Nancy J. 13, Thos. R. 9, Franklin 7, Sallie 5, Virginia 2, Charlie 2 (23)
CARR, James A. 41, Elizabeth 40, Calperna 17, Fountain M. 13, Louisa 11, Mary 9, James 7, Jefferson 3, Josephine 1 (49)
CARR, James W. 20, Sarah F. 16 (50)
CARR, John 65*, Mary 42, Nat 17 (f) (41)
CARR, John N. 54, Martha A. 52, Nan 27, Ellor 18, Daniel 16?, William K. 12?, Tabitha 10 (45)
CARR, Mary 50* (B), David 18, Mary J. 15 (4)
CARR, Mary 63*, James 48, Allen 42, Margary 16 (48)
CARR, N. K. 36 (m), Nice 36, Walton C. 3 (42)
CARR, Ned 40 (B), Fanny 35, Lula 3 (39)
CARR, Nero H. 52*, Angie A. 36, Maggie L. 6, Lula A. 4, John J. 2, Elizabeth J 10/12 (45)
CARR, O. A. 57 (m), Elizabeth J. 43, James F. 16, Anna L. 13, Robbert A. 8, Neva B. 5 (42)
CARR, Robert 70*, Alford D. 44, Ellen 43, John 11 (47)
CARR, Robert B. 54, Richard A. 20, Baily P. 18, Darthula A. 14, Juli D. 12, Moses B. 10, Noel 8 (47)
CARR, Taylor 18* (B) (41)
CARR, William K. 64, Louisa 61, Louisa? L. 21? (47)

1880 Census Macon County Tennessee

CARR, Wilson 38, Sarah 27, Avy 10, Alpheus N. 8, Nancy 5, Ada L. 3, Bertha L. 2, Ella V. 10/12 (47)
CARREY, Mary 16* (B) (39)
CARTER, Allen 50 (B), Andrew 20, John B. 16, Better 14 (f), William 12, James 10, Al 8 (45)
CARTER, C. W. 34 (m)*, Mollie F. 23, Mary A. 13, Anna L. 11, Jas. L. 5 (6)
CARTER, Charles 49 (B), Sinai 49, Henry 17, Elisha 16?, Eddy 8?, Joseph 6, Lucy F. 4, Emma 1 (43)
CARTER, Charles 63, Elizabeth A. 46, James J. 16, Geo. W. 10, Amanda C? 7, Walter C. 5 (3)
CARTER, Crit 41 (f)* (B) (40)
CARTER, Edward 62, Lovina 60, Hubert 19? (4)
CARTER, George 21* (B), Victoria 20, Andrew 1 (45)
CARTER, Jincy 59, Elizebeth 48, Deby 22, Sarah E. 17, Sidny 11, Jasper 8 (101)
CARTER, John 47, David 12, Eliza 9, Marcus 6 (33)
CARTER, John 52, Lethie 54, Bevley 14 (58)
CARTER, John 59 (B), Ellen 48, Blanch 9 (40)
CARTER, Joseph G. 48, Mary J. 47, John B. 25, Belle 20, Wm. B. 18, Bettie A. 15, Dovie E. 13, Eliza 9 (57)
CARTER, Lafayette 26* (B), Nathaniel 17 (5)
CARTER, Lucy 18* (B) (56)
CARTER, Lucy 64* (B) (20)
CARTER, M. R. 44 (m)*, Eliza 45 (38)
CARTER, Mary 65 (22)
CARTER, Nancy 39* (B), Mary J. 22, Samuel 18, Nannie 4 (44)
CARTER, P. W. 57 (m)*, Mary A. 52, William S. 10, James D. 9, Nancy 83?, S. W. 36 (m), Adam 21 (B), Eva 21 (B), Odell 6/12 (B) (38)
CARTER, Patrick 23 (B), Julia 22, Crawford 5, Franklin 1 (40)
CARTER, Patsy 60* (43)
CARTER, Peter 22 (B), Mahala 19 (42)
CARTER, Robert 27* (B) (55)
CARTER, Thomas 25, Parthenia 21 (23)
CARTER, Wm. H. 35, Sarah E. 38, Lorenza 15, Malvina 12, Wm. Ed. 6 (23)
CARTWRIGHT, Adaline 28*, Margaret 4, John 2 (3)
CARTWRIGHT, B. F. 63 (m)*, Gemima 60, Eligh 35, Mary A. 34 (65)
CARTWRIGHT, Charles J. 25, Sarah J. 23, Victora A. 1 (65)
CARTWRIGHT, Colonel 23, Mary J. 20, Cloid H. 1 (72)
CARTWRIGHT, Dixon C. 52, Martha J. 43, Andrew T. 23, Nannie 20, Mary J. 18, Martha A. 15, Sarah E. 12, Elizabeth A. 10, Bengiman F. 6, Amanda S. 5, Wm. J. 3 (64)
CARTWRIGHT, E. G. 67 (m)*, Sarah W. 50 (3)
CARTWRIGHT, F. J. 58 (m)*, Mary E. 54 (64)
CARTWRIGHT, James 59*, Sarah 59, John W. 24 (71)
CARUTH, James C. 32, Mary E. 26, James H. 7, Alabassa 1 (96)
CARUTHERS, B. H. 26 (m), M. A. 23 (f), A. H. 1 (m) (23)
CARUTHERS?, James M. 31, Nancy P. 27, Willis P? 10, Mahala? E. 7, Lan__ E. 5 (m), Thos? C. 3, James A. 1 (18)
CARVER, A. W. 6 (m)*, Ella G. 4, Mary H. 1 (92)
CARVER, Benjamin 31, Prissilla E. 30, Mary M. J. 11, Henry M. 7, Pembrooke 5, James B.

1880 Census Macon County Tennessee

1 (95)
CARVER, Samuel C. 42, Mary W. 50, Richard F. 21, Eliza E. 15 (96)
CARVER, William 68, Elender 68 (96)
CARVER, William M. 36, Emma J. 48, Dixon A. 17, Winfield 11, Flena B. 9, Charley M. 6, Laura Bell 4 (96)
CASSETT, W. H. 34 (m)*, Letha A. 38, Virginia T. 14, Louisa H. 13, Elaind 3, Robert L. 20/30 (94)
CATES, Alice 73, Arcadia 45, Johnnie 6 (23)
CHAFFIN, Geo. 56, Lidia 55, John H. 33, Geo. W. 30, Mary A. 28, Matilda G. 26, William D. 23, Martha S. 21, James A. 20, Laoma R. 16, Margaret E. 14, Henry S. 2 (10)
CHAFFIN, M. J. 26 (f)* (9)
CHAFFIN, Martha 20* (3)
CHAMBERLIN, Alexr. 20? (B), Sarah? 20, Sarah? B. 1, John? W.? 7/12 (13)
CHAMBERLIN, H. 28 (m)* (B), Jane 21, Molly 3 (5)
CHAMBERLIN, J. M. 69 (m)*, Amanda 49, W. L. 29? (m) (3)
CHAMBERLIN, Joseph 48* (B), Emeline 52, Adazilla 10, Martha E. 8 (4)
CHAMBERLIN, Nancy 60 (B), Agnes 15, Louis 25 (10)
CHAMBERLIN, Virginia A. 46, Thos. N. 15, Martha F. 14, Mondora G. 10 (54)
CHAMBERLIN, W. C. 64 (m)*, Mary 62, William F. 40 (13)
CHAMBERS, Phebe 54* (B), Frank 20 (3)
CHAMBERS, Sam 34, Mary A. 34, Nancy J. 12, James 8, Marinda 5 (91)
CHANDLER, John 40, Sarah E. 28, Julia A. 7, Parthena C. 3, Geo. W. M. 2 (8)
CHANDLER, Robert 28, Martha E. 28, John C. 9/12, Pricilla 61 (88)
CHANDLER, W. E. 22 (m), Nancy A. 19, David P. 2/12 (88)
CHANDLER, William 43, Martha J. 33, William Z. 19, Sarah F. 14, David W. 12, John T. 4, Lou A. 1 (f) (3)
CHANLER, Orra 13* (18)
CHITWOOD, Charles 74*, Jerusha 69, Richard B. 35, Frances 22 (86)
CHITWOOD, William C. 23, Mary A. 21, Brady W. 4, Arna A. 3, Shederick 1 (86)
CLAIBORN, A. J. 61 (m), Martha J. 61, Mahala S. 23, Margaret A. 4, Sam H. 5/12 (13)
CLAIBORN, Nancy H. 80*, John O. 52 (13)
CLAIBORN, R. B. 25 (m), Sarah 36, William 12, Charles 10, Ellis H. 7, Emily E. 5, Moses W. 4, James H. 1 (14)
CLAIBORN, William 25, Jonnetta 23 (5)
CLAIBORNE, Alex 25 (B) (6)
CLAIBORNE, B. F. 35 (m)*, Leatha W. 30, Ida 11 (54)
CLAIBORNE, Franklin P. 26*, Mary A. 37, Alvina H. 4, Hannah F. 3, Laura F. 1 (61)
CLAIBORNE, George W. 24, Vesta V. 17, Wm. F. 22, John B. 18, Martha A. 54 (57)
CLAIBORNE, H. C. 19 (m), Annetta 17 (5)
CLAIBORNE, Louisa 19* (B), Grace 6/12 (58)
CLAIBORNE, N. M. 59 (m)*, Leatha 57 (5)
CLAIBOURN, Dick 41* (B), Emaline 35, Thomas 19, Susan 17, Henry 12, Mary J. 10, Eliza 5, Alice 4, Howard 2, Dora 1 (43)
CLARK, Eliza 38*, G. D. 3 (m) (26)
CLARK, Sam 26, Jerousha 23, Summar 2, Enart 4/12 (86)
CLAY, Hattie B. 13* (88)
CLEARIBARY?, W. J. 44 (m), Nancy J. 33, Sarah 12, Andrew M? 10, William W. 8, Horace 6, Oren B. 2 (98)

1880 Census Macon County Tennessee

CLIBORN, Thomp ;47 (B), Feby A. 37, Lousa M. 18, Emeline C. 15?, Lorena 12, Netta T. 8, Robert L. 6, Perly L. 5, Ally 4, Nelly 2 (47)
CLIBURN, J. W. 38 (m)*, Jemima 41, Mary Ann 15, James 13, Fletcher 11, Amanda 9 (33)
CLIBURN, Jas. D. 33, Jane 35, Melissa 15, Marshall 8, Fannie 2, no name 3/12 (f) (35)
CLIBURN, John 70*, Lockey 64 (36)
CLIBURN, Jos. 55, Elizabeth 45, Susannah 20, Nancy R. 18, Joseph W. 15, Loretta 13, Thos. H. 12, Sarah C. 10, Matilda 8, Asa L. 6, Martha 2, Artemesia 2 (36)
CLIMER, James M. 19* (94)
COKER, Charles 39, Martha A. 33, John T. 14, Sallie A. 12, Charles? 6, Elisabeth 4, Martha 3 (6)
COKER, E. M. 53 (m), Elender 45, Samuel 12, Rufus J. 9 (51)
COKER, John 36, Sarah E. 32, Isaac 12 (62)
COKER, Matilda 63 (46)
COKER, William P. 28, Mary S. 26, Martha E. 6, Thomas W. 4 (51)
COLE, Phill R. 19* (31)
COLE, Susan 77* (50)
COLEY, Julius 42, Margarett J. 38, Pattie M. 16, William G. 12, Able J. J. 12, Eason Hugh F. 10, Jos. W. B. 5/12 (10)
COLEY, W. D. 63 (m), Sarah 53, Sarah S. 29, Jos. W. 26, Nancy A. 19, Thos. S. 14, Henry A. 9 (10)
COLEY, W. H. 30, Nancy C. 37, W. J. 8 (m), James F. D. 6, Thomas R. 4, Orra B. F. 1 (f) (7)
COLLINS, Welch 45, Emily 30 (91)
COMER, Andrew 63*, Priscilla 55?, Elizabeth 35 (92)
COMER, William 66*, Nancy J. 51, Samuel P. 21, Mattie J. 27, Grizzella 23, Houghston C. 19, James S. 14, Johnnie 11?, Jarrett W. 6 (92)
CONNELL, Mary 27* (7)
COOK, Alferd 46, Pheba 44, Mary J. 12 (19)
COOK, Cintha H. 56, Charley R. 20, Henry S. 13 (76)
COOK, George W. 23?, Mary J. 16 (75)
COOK, Henderson M. 33, Mandy J. 29, Enoch G. 9, James M. 7, Laurah B. 5, Samuel H. 2 (76)
COOK, J. W. 15 (m)* (37)
COOK, Jacob 56, Matilda 40, Thomas 18, Mollie G. 14, Fannnie 12, Nealy B. 10, Jacob S. 7, Wm. G. 5, Maggie 1 (35)
COOK, James S. 25, Nancy M. 24, Nancy E. 1 (76)
COOK, Jessee 59*, Susan A. 21, James D. 2, George J. 1 (49)
COOK, John 35, Caroline 38, Robert W. 11, Mary D. 3, Elliot A. 1 (48)
COOK, Joseph 53, Nancy 53, Joseph 19, Abraham L. 17, Mary E. 13 (76)
COOK, Martha 38*, Polly A. 13, Martha A. 11, B. 6 (f), R. 3 (f) (25)
COOK, Peter 24*, Martha A. 24, James W. A. 3, Leona P. A. 1 (76)
COOK, Peter 25, Martha 24, James W. 4, Leona 1 (19)
COOK, Richard S. 10* (59)
COOK, W. P. 27 (m), Emily 25, Minerva 3, Mary L. 2, Charlie 4/12 (33)
COOK, William 37, Mary E. 41, King W. 17, John W. 11, Mary A. 8, Sarah J. 6, Cora B. 1 (50)
COOMES, Daniel 51*, Elisabeth 53, B. S. 22 (m), M. C. 18 (f) (8)
COONS, Richard 60, Easter 60, Mandy 18 (100)

COONS, William 30, Jane 25, Daniel B. 10, Lucinda F. 8, Lutisha 6, Richard 4, Zackariah 4 (95)
COOPER, Lisy A. 48*, William F. 25, James M. 21 (76)
COOPER, Nancy R. C. 20* (75)
COOPER, Sarah 30* (16)
COPAS, Sy 43, Susan A. 39, Cansady P. 16, William A. J. 14, George G. 12, Lucy A. 11, Thomas H. 9, Tebitha J. 6, Benjamin F. 3, Betty F. 2 (70)
CORAM, Albert 52, Serena 52, Julia 12 (47)
CORAM, Frank 24, Sevilla 20 (47)
CORNER?, James 15* (21)
CORNWALL, S. F. 33 (m), Harriet 33, Lillian 8, Pearl V. 4, Cora Belle 1/12 (30)
CORNWALL?, T. J. 46 (m)*, Jane S. 48, Eda C. 9, Virgil B. 6, Simon A. 4 (30)
CORNWELL, Allen 70, Sarah A. 68 (84)
CORNWELL, Elijah 20, Lucy C. 23, Prudence A. 4, William L. 2 (51)
CORNWELL, Jas. M. 28, Martha 24, Prissa M. 9, James A. 7, Sarah T. 4, Mary E. 2 (89)
CORNWELL, P. C. 58 (f)* (51)
CORNWELL, Reser C. D. 23*, Mary T. 20, Nancy A. 8/12 (74)
COSBY, John R. 22* (62)
COTHERAN, L. A. 32 (m)*, Sidney 38, Sarah A. 10, Minerva 8, William 7, Eliza J. 5 (24)
COTHERON, D. A. 65 (m)*, Minerva 67, Isaac L. 23 (23)
COTHERON, Doctor 28, Mahala 23, Thomas 5, Clay 3, Walter J. 8/12 (24)
COTHERON, Tom 26, Lou 22, Laura 4/12 (23)
COTHRAN, Charles 31*, Vesta M. 32, Drury B. 9, Dredal 7, Clauda F. 4 (m), Harrel W. 2 (46)
COTHRAN, D. A. 28 (m), Mahala F. 22, Thomas L. 5, Clay B. 3, Morgan E. 8/12 (47)
COTHRON, Doctor B. 54*, Susan 55, Louisa A. 19, Leona A. 17, james F. 17, Isadora N. 11/12 (59)
COTHRON, J. W. 44 (m), Mary E. 43, Hanah F. 17 (6)
COTHRON, James B. 21, Louisa E. 19, Nevada 3 (61)
COTHRON, John H. 16* (67)
COTHRON, John W. 23, Mary 28 (62)
COTHRON, Lambert M. 67, Catharine A. 57, Lamber W. 21, Washington J. 18, Isaac M. 16 (59)
COTHRON, Martha A. 19* (62)
COTHRON, Samuel A. 23, Ora A. 21, David F. 3, Wm. B. 1, Mary A. 15/30 (57)
COTHRON, Samuel L. 33, Sarah J. 34, Nona T. 11, Allie 7, Clay 5, Elizabeth 2, Belle 5/12 (62)
COTHRON, Thomas M. 26*, Margaret E. 26, Johnie W. 9, Willis B. 7, Victoria F. 1 (58)
COTHRON, Victoria A. 13* (66)
COTHRON, Willis B. 32, Mary S. 34, Sailie A. 11, Nancy E. 8, Martha M. 8, Eli J. 6 (66)
COTHRON, Wm. B. 22*, Polly A. 20, Laura B. 2, Lawson 8/12 (63)
COTHRON, Wm. B..62*, Loucindia E. 50, Isaac A. 19, Eliza C. 17, Mary A. 15, Amanda J. 12, James M. 7 (63)
COTHRON, phillip 17* (62)
COTTON, Frances 68*, Catherine 16 (86)
COUNS, Hanah 44* (84)
COX, Duncan 21, Elisabeth 20 (6)
COX, Duncan 67*, Betsy 64 (63)

1880 Census Macon County Tennessee

COX, Elisha 25, Sallie 27, Lethie 1, Leroy 1 (63)
COX, Elisha 77*, Malinda 71 (67)
COX, John 35* (92)
COX, L. P. 34 (m), Mary C. 34, William H. 9, M. A. 6 (f), W. M. 3 (f), James W. 11/12 (6)
COX, Samuel 21, Martha? J. 19, William E. 3, Millie M. 6/12 (2)
COX, Warren 46?, Louiza L. 40, Leroy M? 18, Robbert 8, Sarah J. 6, Aden F. 1 (40)
COX, William 63*, Margaret 55 (3)
COX, William S. 33, Sarah C. 32, Texas S. 14, Louis H. 12, Geo. D. 9, William F. 2 (4)
COX, Wm. J. 40, Arzilla A. 36, Charley P. 17, Burdilla A. 15, Lidda H. 12, Warren T. 10, Evans 8, Duncan 6, Landa E. 3, Mary L. 2/12 (65)
CRABREE, Richard 68, Matilda 64 (59)
CRABTREE, Hirum H. 45, America J. 44, William 12, Matilda 7 (79)
CRABTREE, J. W. 46 (m)*, Frances J. 38, Joseph P. 17, Matilda C. 8 (5)
CRABTREE, Joseph A. 37, Mary E. 29?, Emily V. 2 (69)
CRAFFORD, Strawder? 35, Minda J. 27, Elmary 9, E. J. 6 (f), M. E. 4 (f), N. B. 1 (f) (38)
CRAIGHEAD, Harrison 48, Lidia A. 54, William A. 27, Elisabeth 24, Sarah A. 5, Jennie 1 (18)
CRAIGHEAD, Wm. A. 25, Barbra A. 32, Rufus C. 5, Lola M. 2, Radford N. 2/30 (100)
CRANTS, David 29, Matha D. 35, William 9, Sarah S. 8, Robert A. 7, Manda E. 4, Julia A. 2, Theodocia 6/12 (71)
CREASY, Allen 16* (24)
CREASY, R. L. 19 (m)* (14)
CREASY, Rebeckah J. 48* (73)
CREASY, Wm. 25, Susan 22, Louisa 8, Sarah F. 5, Lucy 7 (21)
CREESY, Isaac 22, Cammila 12, Melinda 2, Minnie O. 6/12 (46)
CREESY, Jacob M. 36, C. J. 36, William N. 13, Mary J. 8, Sarah S. 10, Laura F. 6, David G. 4, Allen S. 1 (50)
CREESY, Jordan 65*, Martha C. 39, Nola F. 7, George W. 5 (46)
CREIGHEAD, Link C. 60, Sallie 56 (84)
CRENSHAW, Frank 35* (B), Jane 32, Elizabeth 17, Delia C. 12, Crawford 8 (52)
CRENSHAW, Jo 18 (m)* (B) (45)
CRENSHAW, Pleasant 27 (B), Margaret 27, William L. 8, Jo N. 6, Louella H. 3, Nora 2 (53)
CRENSHAW, perry 2* (B) (24)
CROLEY?, Benj. F. 33*, Mary A. 31, Sarah A. 13, William J. H. 11, Nancy F. B. 6, Orra L. 3, Matilda M. 9/12, John J. 35, Nancy A. 6, Martha E. 4 (20)
CROSS, Carmilia F. 48, Joanda E. 18, Alfred M. 7/12 (64)
CROSS, Dock 18* (60)
CROVER, Henry 40*, Mary E. 43, Chas. 12 (33)
CROWDER, Chas? J. 31, Sallie 21, Vester L. 1 (m) (17)
CROWDER, James 38, Kate? E. 28, Jasper 14, John T. 9, Charles 7, Richard 6, Sarah J. 5, Hester 2 (17)
CROWDER, John 73, Mary A. 64 (17)
CROWDER, Joseph R.? 49, Lovina 42, John W. 20, Stephen A. 16, Augustus N. 14, Semantha M. 11, Dorthula E. 9, Joseph W. 7, Mandy A. 5, Minnie B. 2 (82)
CROWDER?, John H. 39, Julie A. 37, Milley? N. 17, John W. 14, Willilam B. 11, Amanda J. 5, Lydia A. 2 (12)
CROWDER?, Taylor C. 33, Mary E. 31, Henry J. 11, Elisabeth E. 9, Mary J. 7, John F. 4 (15)

1880 Census Macon County Tennessee

CUMINGO, Bedee 48* (B) (84)
CURTIS, Bennett 37, Mary E. 28, Julia E. 8, Sarah M. 5, Lucy J. 3 (35)
DALLAS, Lafayett P. 42*, Sarah A. 38, Obidah R. 14, Nancy E. 13, Louis M. 11, Siphina G. 10, Lafayette P. 7, Marlin A. 6, Martha A. 6, Mollie B. 3 (75)
DALLAS, Nancy E. 35*, William R. 13, Mary J. 10 (76)
DALLAS, Stephen R. 38, Elizabeth G. 40, John R. P. 16, Josiah 13, Wisman? S. 11, Samuel S. 6, William H. 4 (75)
DALLIS, Abrum 14* (19)
DALTON, E. F. 28 (m), Martha 29, Ida M. 9, Alice 5/12 (29)
DALTON, Josiah 76, Mary J. 42 (31)
DALTON, S. T. 42 (m), Sarah J. 42, Meredith 21, Margie E. 15, Robert 9, Alice I. 4 (37)
DANA, Nancy N. 8* (73)
DAVIS, Andrew J. 31*, Mayra? 29, Nancy 8, Mary 5, Elisabeth 3 (5)
DAVIS, Anna G? 80* (25)
DAVIS, B. D. 24 (m), C. E. 18 (f), Jesse 4 (31)
DAVIS, Charles 38, Jemimah 24, Odell 5, Estelle 3, Emma 7/12 (30)
DAVIS, Clerisy 50* (50)
DAVIS, Ely 62*, Newton 20 (98)
DAVIS, Jas. A. 59, Nancy 53, Thomas J. 18, Caroline 16, Sarah 13, Starling S. 10 (89)
DAVIS, Nancy P. 68, Daniel J. 34, Mary S. 32, Thomas W. 29, James E. 26 (89)
DAVIS, S. S. 60 (m)*, Susan 49, Samuel 23, Hollie V. 15 (29)
DAVIS;, William B. 41, Sarah A. 25, Samuel L. 13, Thomas N. 10, William 8, Henry H. 6, Nancy E. 2, James E. 1/12 (91)
DAY, Ellen 49* (63)
DAY, Geo. T. 56, Frances B. 54, Geo. P. 22, James M. 20, Lovina C. 16 (3)
DAY, Joseph W. 21* (64)
DAY, Thomas B. 40* (63)
DEAN, Bettie 58* (95)
DEAN, Hayson 20* (2)
DEAN, James H. 29, Mary J. 26, Netty Lee 3, Alla May 1 (99)
DEAN, Willis 67, Mary 18, Eleatha 14 (97)
DEBOW, Bengamin 28 (B), Matilda 25, Nelia 2, John B. 1 (45)
DEBOW, Carrol 55 (B), Mariah 45, Lilly 6 (52)
DEBOW, James L. 55 (B), Eliza C. 28, George W. 16, Lytel 14, Wm. E. 15, Mary S. 3, Bobert 1, Margaret 2/12 (57)
DEBOW, Letha 23* (B) (57)
DEBOW, Peter 22* (B), Lucy 18, Jane 9/12 (57)
DEBOW, Stonvally 18* (B) (63)
DEBOW?, Arch 26 (B), Matilda 24, Wesly 1, Mary 47, Dleitha 22, Nona 17, Susan 11, Richard 10, Grant 7 (39)
DECKER, Harvey 25, Millie 22, Ora 1, Ciscero 4/12 (93)
DECKER, Lewis C. 45, Julia 38, John W. 17, Henry M. 13, James A. 4, Thomas N. 2 (91)
DECKER, Robt. 32, Mary A. 25, Mattie H. 5, Wm. S. 3 (24)
DEERING, Adam J. 47, Nancy J. 35, Verginia 11, Victoria 9, William C. 7, James M. 5, Alford 2 (45)
DIAS, Thomas 26* (11)
DICKINS, John C. 34, Lucy F. 36, Joseph M. 12, Wm. H. 10, Luis J. 8, Jessey B. 6, John W. 4, Mary E. 5/12 (65)

1880 Census Macon County Tennessee

DICKSON, Payton S. 30, Josephine E. 22, William T. 6, Alice E. 4, Robert F. 3 (47)
DICSON, Susan 22* (9)
DICSON?, Payton 36, Margaret 34, William J. 13, Charles J? 10, Sarah E. 4, Thos. P. 3 (15)
DIES, Robert 55*, Tabitha 30, Easter 9, Arthur? 7, Margaret 4, Martin L. 2 (17)
DIES, William 28, Sarah A. 26, William P. 1, Amanda? A. 5/12 (18)
DILBECK, W. C. 32 (m), Margarett E. 27, Mollie E. 10, Daniel F. 8, Sarah G. 5, William L. 3, Burnetta J. 1 (100)
DILEHO, J. L. 36 (m)*, Tenny T. 32, Henry L. 1, W. S. 5/12 (m), Miles H. 15, Jesse J. 13, Allen C. 5? (7)
DILL, John 30, Mary E. 30, Martha J. 4, Idor F. 2 (f), Robbert W. 1 (76)
DILLARD, Carroll 60, Mary A. 53 (34)
DILLARD, Fountain P. 35, Sarah M. J. 34, James F. 12, Stephen H. 9, David C. 7, Harman N. 3 (79)
DILLARD, Geo. W. 35, Martha 27, Rebecca 6, James 2, Marina 75 (14)
DILLARD, Wm. 39, Lucy 31, Mary E. 13, Laura 12, Martha 9, Dolly J. 6, Wm. F. 3, Robert H. 1 (35)
DINSMORE, J. R. 25 (m) (B), Anna B. 20, Carry F. 3, Elbert C. 1 (38)
DIXON, Lucinda 52, Lucinda B. 21, William L. 18, Frances 15, Nannie S. 13, Clarie A. 11 (90)
DIXON, Martha A. 20*, Minnie 3 (60)
DIXON, Martha S. 19* (68)
DIXON, Mary 24* (61)
DIXON, Nancy 13* (67)
DIXON, Peyton S. 58, Rebecca 57, Hannah E. 22, Peyton L. 16, Jerry M. 13 (62)
DIXON, Stephen 56, Matilda 38, Martha S. 21, Frances 16, Belle 13, Jane 11, J. R. 8 (m), Marinda 5, John 2 (6)
DIXON, Thos. J. 44*, Mary A. 34, Louisa J. 13, Mary F. 10, Wm. R. 8, James M. 6, Laura A. 5, Margaret 3, Henry C. 1 (62)
DIXON?, Catherine 78* (6)
DOLSON, H. 63 (m), Sarah L. 43, Sarah R. 33, Mariah F. 30, Almela P. 26, Miles F. 12, Rush A. 10 (f), Eliza L. 6, Letha C. 3 (89)
DONNEL, William 24 (B), Jane 20, Mary A. 2 (52)
DONOHO, Albert 24, Martha 20 (68)
DONOHO, Amanda 43, John B. 18 (96)
DONOHO, Harvey 29, Rose Ann 29, Manerva? C. 11?, Dora S. 6, James B. 1 (94)
DONOHO, John 19*, Galley 24 (m) (54)
DONOHO, John H. 44, Irvilla? 45, James M. 21, Malvina 18, John S. 14, Haskel N. 9, Chas. H. 6, Elvira C. 4, Laura Bell 2 (94)
DONOHO, Leroy 65?, Mary M. 46, William L. 18, Haley P. 17, Manda E. 14, Josephene B. 11, Alta 9, Harvy D. 5, Evy Bell 4, James A. 1 (101)
DONOHO, Mary J. 49, Wm. B. 15, Daniel 14, Lucy 11, Dosia A. 8, J. W. 4 (m) (54)
DONOHO, Prod? 73, Judy H. 63, William 21, Nellie T. 22 (94)
DORRIS, Eli E. 58, Sarah E. 52, Nancy 20, Louisa C. 14, William D. 11 (13)
DORRIS, Emily 77* (11)
DOSS, Alfred H. 34, Clarisa A. 35, Robbert W. 4, Mary M. 3, Ethel W. 1 (78)
DOSS, Armitia 35* (23)
DOSS, Berry R. 68, William R. 23, Gabrel W. 23, Polly H. 21, Harvey W. 2, John R. 2/12 (78)

DOSS, Franklin P. 27, Martha A. 27, William H. 6, Freeley S. 4 (m), Conelus B. 8/12 (82)
DOSS, Gabriel M. 61*, Mary F. 21 (77)
DOSS, James C. 15?, Lucy E. 32, Marry J. 15, John H. 13, Cammile F. 21, Sarah M. 6, James Wm. 3, Joseph O. 1 (78)
DOSS, Joel Y. 27, Elizabeth 29, Berry W. 25, Sarah M. 19, Melissa N. 8/12, Berry M. 3, Millard F.? 1 (78)
DOSS, John H. 28*, Matilda L. 22, James T. 6, Sarah J. 4, Anna L. 3, Liddy Flo 3/12 (77)
DOSS, Wm. G. 35, Phoebe C. 32, Lamirer 16, Weldon 13, Magnolia 8, Willie E. 6, Andrew C. 4, John R. 3, Rebecca G. 1 (30)
DOSS, Wm. G. 40, Henry M. 11, Noah W. 9, Cora B. 8, George A. 7, Thomas 1, Jemimah 70 (32)
DOTSON, Cager T. 30, Elisabeth J. 40, Jessee H. 8, Thomas J. 6, Wiley H. 4 (71)
DOTSON, H. J. 30 (m), Mary A. 21, Walter 1, no name 1/12 (f) (30)
DOTSON, James 64*, Susan 50, John W. 33 (29)
DOTSON, Letha A. 38* (69)
DOTSON, Mil– 14 (m)* (B) (40)
DOTSON, Sylvurn? 39 (B), Mary E. 30, George E. 13, Laura A. 9, Lue J. 7, Sarah J. 5, Sam Lincoln 1 (90)
DOTSON, Thomas F. 27, Sarah A. 23, Lusetta V. 5, Malinda C. 3, Mary J, 8/12 (72)
DOTSON, William N. 28*, Sarah E. 21, Claudy Y. 4, Minnie M. 1 (74)
DOTSON, William S. 35, Martha J. 30, Robert 13, Thomas m. 9, Samuel 6, Authur 3, William C. 2? (69)
DOTSON?, Willey 32, Nancy A. 30, Cora J. 10, Melinda M. 8, Ella B. 4, Earnistine 2 (7)
DOUGLAS, John 43, Melinda 39, Nancy J. 18, Charlie H. 15, Joseph 12, Lucinda 9, Gideon H. 6, Luther E. 3, Martha 79 (34)
DRAPER, Andrew J. 56*, Rebecca G. 55, Harvey A. 19, Rachel E. 16, Martha E. 14, James H. 12 (64)
DRIVER, Abel 58, Louisia 47, Nancy C. 24, Delila J. 20, Thiranda? M. 16, William Y. 13, Mary F. 11, Sarah E. 7, Nelie A. 3/12 (77)
DRIVER, Alvin 44, Tabitha M.? 44, Eliza J. 21, Fanny C. 18, Keney C. 13, Davy T. 10, Laura A. 7, Henry H. 4 (74)
DRIVER, Harvy 27, Patey P. 27, Robbert 1 (77)
DRIVER, James A. 32*, Parthena A. 34, Sidney W. 11, Sarah M. 8, James M. 4, Almeda F. 2 (78)
DRIVER, Jane 55, William T. 24, John C. 18, Rosetta D. 22, Joseph P. 6 (78)
DRIVER, Joel Y. 45, Emiline S. 44, Mary J. 14, Jesse S. 12, William H. 9, Narsissa A. F.7, Semanth N. 5, Nancy L. 3, F. Phebe J. 1 (69)
DRIVER, John A. 24, Susan B. 20, Fleety Q. 2 (74)
DRIVER, John H. 56, Lyddia A. 53 (69)
DRIVER, Mary E. 15* (60)
DRIVER, Rufus 12* (16)
DRIVER, Sarah 16* (B) (4)
DRIVER, Thomas D. 74*, Mahala A. 37, Samuel H. P. 3 (75)
DRIVER, Thomas J. 29, Mary J. 4 (74)
DRIVER, William M.? 51*, Tebitha 54, William A. 26, Mary N. 4, Thomas J. 1 (74)
DRIVER, Willson 28, Nancy E. 29, Andrew J. 10, William R. 6, Maggy 4, James H. 2 (77)
DRURY, Francis M. 52*, Elizabeth J. 40, Rafhel E.? 18, John F. 12 (13)
DRURY, George . 53*, Elzira F. 42, Louisia D. 25, Rachel B. 21, Wisman 9, Pleasant G. 7,

1880 Census Macon County Tennessee

Millard F. 6 (72)
DRURY, W. T. 25 (m), Catherin T. 25, Lotty S. 5, Rosilah C. 1, Caroline 63 (13)
DUFFEE, John A. 25, Rebecca E. 16 (66)
DUFFEE, Martha J. 46*, Arcibald L. 25, Wm. J. 15, Mary L. 13, Peyton 11 (67)
DUFFER, John 27* (30)
DUFFER, John 40, Mollie E. 35, Josephus 21 (43)
DUFFIE, Martha A. 55*, Sallie A. 34, John B. 21 (66)
DUKE, Phillip 62*, Evaline 62 (10)
DUN, Belle 13* (B) (54)
DUN, Benj. 27* (B) (5)
DUN, Bucky 22* (B) (58)
DUN, George 18* (B) (20)
DUN, Mariah 14* (B) (20)
DUNCAN, Ben 44*, Elizabeth 39, Leonidas 20, Martha 18, Fleming 16, Amanda 13, Dero 10, Nannettie 8, Samuel 6, Lewis G. 11/12 (29)
DUNCAN, George 35, Sally 36, Robert T. 18, Mollie 14, Isaac 12, Lucy 10, Henry 8, Nancy C. 6, Sarah E. 3 (48)
DUNCAN, James D. 41, Margaret 36, Willie A. 18, John F. 16, Elizabeth S. 13, James P. 10, Elliot K. 7, Alice B. 5, Ida L. 3 (48)
DUNCAN, Pleasant 76, Polly 45, Pleasant 12, Jordan 10, Ann 9, Horace G. 7, Richard 5, Petri 3 (48)
DUNHAM, John H. 28, Nancy 27, Martha 6, Annie 4, Henry L. 2 (100)
DUNKEN, John 22*, Meranda 40 (88)
DUNKIN, Geo. D. 35, Jemima 38, James M. 4, Eugenia O. 2 (m), Fannie C. 11/12 (11)
DUNN, Frances 30*, _____ 8 (f), _____ 5 (m) (37)
DUNN, William 48, Mourning E. T. 37, Wesly M. 13, Jesse W. 3 (71)
DUNN, Wilson 65, Nancy 58, Hiram 16, Emeline 13 (28)
DUNNING, C. F. 27 (f)*, Bernetta 4 (51)
DURHAM, Alex 32 (B), Daphnie 30, Mollie 9, Martha 6, Viola 2 (23)
DURHAM, Moses 34* (B), Eliza 36, J. 2 (m) (28)
DURHAM, Moses 35 (B), Elizabeth 38, James D. 2, Sally A. 21, James O. 1 (52)
DUTY, Robert 30, C. A. 25 (f), Julia 8, Wm. 2 (26)
DYCUS, Terry 53, Eliza J. 46, Eliza 16, Fannie 12, Lawson W. 9, William WMD 5/12 (97)
DYCUS, William 80, Winnie 80, Irene 50, John S. 34, Nancy M. 31, Charlie 5, Fannie 3 (96)
DYCUS, William J. 33, Eliza A. 23, Robert C. 8/12 (96)
DYCUST, Ellg. 52 (m), Mary A. 50, John S. 22, Burnitia J. 21, Eliza A. F. 17 (96)
DYER, James S. 20?* (12)
DYER, John J. 27*, Susan A. 23, Sarah E. 3, Martha A. 2, James S. 3/12 (62)
DYKE, George 35*, Susan 45, John 12 (63)
DYRE, Robert A. 24, Sarah S. 29, Leo 3 (70)
DYRE, Tolbert 54, Mary A? 54, Elisabeth 36, Samuel T. 21, Fisher 19, James 16, Patterson 14, Christopher 10, Martha A. 8 (70)
EADON, Isham 23, Martha? J. 23, William H. 1 (13)
EAST, John J. C. 17, Thomas F.J. 18(f), Quiny V. A. 9/12 (73)
EAST, Joseph S. 27*, Joseph G. 1 (72)
EAST, Mattison 50, mary J. 50, Joseph 15, nancy A. 12, William M. 7 (72)
EAST, patterson 56*, Sally 54, patterson 16, Emiline 10 (73)
EASTON, Nancy 37, William 17, John 15, Josephine 13, James 8, Sarah 5 (13)

1880 Census Macon County Tennessee

EATON, David 34, Louisa 21, Jefferson 3 (6)
EATON, Elijah 48, Eudora? H. 30, William D. 13, Joseph 10, James H. 8, Charles C. 5 (13)
ECKLE, Nancy 30* (92)
EDEN, John 14* (63)
EDEN, Wm. 16* (63)
EDENS, A. C. 28 (m), Elizabeth F. 28, Laura B. 5, Alexander L. 1, Abner F. 23 (38)
EDENS, Jeremiah 33, Eliza 42, Samuel 11, Mattie 11, James H. 9, Betty B. 7 (44)
EDENS, Job 26, Mary J. 38, James W. 1 (40)
EDENS, Job 35, Elmary 34, Jo H. 11, Louisa E. 9, Gus W. 7, Agness E. 5, Kitty S. 3, Nora A. 6/12 (44)
EDENS, William 48, Lydia A. 42, Ira K. 13, Mahala C. 12?, Sofra T? 8, Eliza N. 6, Hiram D? 2 (42)
EDONS, Absolem 26, Sarah 36?, Thomas W. 9, William W. 7, Lewis C. 5 (42)
ELDRIDG, Charles 20* (B) (84)
ELLER, Jacob 59*, Susan A. 60, Marion 19 (55)
ELLER, James J. 31*, Susan 33, Wm. H. 11, John 4, James G. 1 (55)
ELLER, Joseph A. 33*, Charley 11, Susan 9, Lillie 7, James 4 (63)
ELLIS, Charles B. 20* (62)
ELLIS, Elizabeth W. 66* (62)
ELLIS, James C. 28, Mary J. 29, Lethie B. 10, Lon 7, James W. 5, Phillip C. 3, Don F. 2/12 (60)
ELLIS, Louisa J. 56*, Wm. R. 26, Martha J. 21, Isaac C. 18, Phillip M. 2, Mollie 7/12 (62)
ELROD, Mansfield 24, Margaret A. 20, Joseph F. 4, Elvina E. 2, John N. 1 (67)
ENGLAND, F. M. 46 (m), Mary 43, Melissa 15, Isaac 12, Louticia 11, Cessa 8, Vada 6 (8)
EPPERSON, A. 69 (m)*, Elizabeth 64 (29)
EPPERSON, Alf 24* (B) (33)
EPPERSON, S. A. 41 (m)*, harriett 39, John 15, Hannah 15, Lee 10, Maggie 9, Lizzie 6 (33)
EPPERSON, Sallie 21* (B), O. 3 (m) (28)
EVANS, C. P. 34 (m), Sarah C. 28, Cornila B. 3, Rutha 1 (1)
EVETTS, Chesley B. 23, Joseph P. 30 (65)
EVETTS, Clay 26, Amanda 28, Charley 2 (65)
EVETTS, Thomas 55, John F. 18, Matilda 15, Albert 10, Dosia 5 (65)
EVETTS, Wm. C. 24, Bettie 25 (65)
FAGG, Jas. G. 41, Frances 31, Flora V. 10, Solon 8, Arthur 6, C. B. 4 (m), Hester 2 (30)
FAGG, Mary 58, Alfred 30 (31)
FARLIE, Sarah 68, Judy A. 24 (77)
FARLY?, J. R. 44 (m), Martha A. 44, James P. 21, Laura A. 18, Marietta 14, Martha 12, Charles L. 5/12 (28)
FERGESON, Chane? 68 (f)* (B) (4)
FERGUSSON, Eller 65* (92)
FERGUSSON, M. M. 57* (92)
FERGUSSON, S. B. 53 (m)*, William K. 19, Elizabeth J. 51, Tabitha S. 17, Jessie A. 13, Ludy J. 9, Silas P. 7 (92)
FINEASH, Mc. 25, Letha 21, John H. 2/12 (95)
FISHBURN, Anne 64* (80)
FISHBURN, Barbara 15* (46)
FISHBURN, Bluford 26, Marcelie A. 17, Dolly M. 1, Mary 48 (81)
FISHBURN, Bluford M. 51, Elisabeth A. 49, Amanda A. 25, Charles T. 14, Tol M. 12,

1880 Census Macon County Tennessee

Martha S. 10, Gilbert G. 7 (19)
FISHBURN, David B. 53, Elizabeth 52, Mary 17, Manda E. 12, John T. 10 (81)
FISHBURN, F. W. 30 (m), Louisa 32, Noah A. 2 (33)
FISHBURN, J. G. 28, Mary F. 26, no name 4/12 (f) (19)
FISHBURN, Jos. 20* (30)
FISHBURN, Nancy 26* (46)
FISHBURN, Rachel 47, James W. 17 (19)
FISHBURN, Smith 30, Martha E. 27, Luthur T. 6, Cora B. 4, William H. 4/12 (78)
FISHBURN, T. M. 30 (m), Amanda 26, Dollie 6, Sammie 4 (35)
FISHBURN, Thomas W. 23*, Mary K. 20, Julia J. 10/12 (77)
FISHBURN, W. 54 (m), Elizabeth 45, James W. 15 (30)
FISHBURN, Wesly H. 27, Martha E. 29, Lucind E. A.? 3, America L. 8/12 (79)
FISHER, T. J. 30 (m)*, M. E. 24 (f), B. S. 15 (m) (39)
FISHER, William F. 45, Caroline C. 34, William N. 18 (84)
FITTS, Alford 25, Sarah 22, Malvina 3, Ardena 55 (52)
FITTS, James R. 23, Mary J. 21, Susan A. 8, James H. 4 (52)
FITZGERALD, A. 21 (f)*, Texas 19 (8)
FITZGERALD, M. 21 (f)*, Texas A. 18 (85)
FLEEMAN, James 52, Louisa 41, Bertha L. 2 (4)
FLIPPIN, Carter? 24 (B), Sarah G. 23?, Thomas 3, Daisy? 1 (42)
FLIPPIN, James 30* (B), Harrison 5 (5)
FLIPPIN, Louisa 44* (B) (40)
FOLLIS, Thomas 57*, Malvina 48, Charles W. 21, Pamela 18, John T. 12, Alonzo 9 (31)
FORD, Calven J. 52*, Alberry C. 48, Harress? C. 25, Franklin 21, Henry C. 19, Charley M. 17, Daniel M. 15, Wm. F. 13, Fannie 10 (60)
FORD, Elisha 19* (14)
FORD, John M. 38, Hannah R. 32, Andrwe F. 11, James E. 8, Elizabeth 6, Mary A. 5, Lethie C. 1 (61)
FORD, Mentlo 42, Lucy A. 35, Elihu 13, John J. 12, Charles C. 10, James C. 8, Susan A. 6, Hiram H. 5 (44)
FORD, Wm. E. 19*, Elizabeth W. 19 (63)
FORD, cyrus 57, Melinda 21, Fanny J. 7, Aaron F. 6, Henry C. 3, John W. 1 (39)
FORGASON, Edgar B. 22*, Martha F. 20, James B. 1 (63)
FORGASON, George 18* (B) (38)
FORGASON, Henry 45* (B), Mary F. 31, James A. 6, Alice M. J. 3 (54)
FORGASON, Henry 58, Sarah 51, Mary F. 22, Wm. N. 19 (61)
FORGASON, John 62, Haarriett M. 50, Georgie E. 28, Lucy 25?, Emma H. 20?, Laura 19, John F. 14, Joseph J. 6 (43)
FORGASON, John H. 50*, Amanda A. 39, Mollie H. 17, John W. 14, Wm. J. 9, Hurbert G. 7, Myrtle A. 4, Ernest L. 8/12 (63)
FORGASON, Richard 45*, Sally 49, Nora L. 12, William 10, Maud 9, Emma S. 7, Mollie 5, James 3, John 1 (51)
FOUST, J. B. 23 (m)*, Cornelia V. 22, C. L. 1 (m) (4)
FOUST, Joseph E. 54*, Mary M. 42, Ada J. 20, Emett T. 18, William D. 14, Joseph E. 11, Rupert P. 8, Osher 3 (12)
FOWLER, Geo. W. 23, E. J. 23 (f), William 4, M. 3 (f), Martha 8/12, Mary 68 (25)
FRANKLIN, Ben 46 (B), Margarett 18 (18)
FREEMAN, A. 18*, lewis 25, Wiley 24, Laura 18 (33)

1880 Census Macon County Tennessee

FREEMAN, Abraham 61, Catherine 55, Abram C. 17, Joseph 14 (75)
FREEMAN, Chas. 26, Arzilla 26, Finetta F. 3, Andrew H. 1, Franklin 23 (38)
FREEMAN, Daniel 33, Amanda H. 24, Charles F. 5, John P. 3, Alice 7/12 (38)
FREEMAN, J. A. 35 (m), Sarah J. 30, Charlie 13, Mary S. 9, William 7, Hubbard 2 (27)
FREEMAN, John F. 29, Emily M. 33, Deliah 8, Flora 6, Galand H. 4, Moody S. 2 (73)
FREEMAN, Lewis 24*, Margerett 35 (86)
FREEMAN, Louis P. 46, Matilda H. 24, Alice 5, Cora (inf) (69)
FREEMAN, Mark A. 50*, Emelina 45, Mary E. 21, J. Patterson 18 (19)
FREEMAN, Martha 52, Nancy 22, Thomas J. 21, Booker R. 18, Mollie J. 17, Sarhah M. 14, Bennie W. 13, Wiot B. 11 (73)
FREEMAN, Michael 39*, Julina 42, Jesse S. 11, John B. 5, Lou? D. 3 (m), Evergie T. 1 (74)
FREEMAN, R. B. 55 (m0, Martha 52, Margaret 15, Enoch 12, Richard 10, Joel Y. 8 (35)
FREEMAN, S. A. 29*, maria 25, Myrtle 3 (35)
FREEMAN, Thomas 25, Eliza 22, Dudly R. H. 3, Luther M. 1 (20)
FREEMAN, William H. 34*, Mary E. 29, Nora A. 5, James L. 3 (17)
FREEMAN, Wm. 25, Margaret 25, Lewis F. 3, Lola M. 5/12 (37)
FREEMAN, Wm. 58*, Mary A. F. 55, Don 19, James W. 16, Booker 13 (60)
FREEMAN, william F. 25, Emily 23, Arzetta F. 6, Elisia 5, Bettie 3, Nancy A. 1 (73)
FRY, James 20* (44)
FRY, Joseph 22, Marinda J. 22 (14)
FRY, Joseph 22, Jane 22 (38)
FRY, Thos. C. 23, Sirena J. 25, Winford W. 4, William H. 2, unnamed 1/12 (m) (13)
FULLER, ___ 35, Lucy C. 29, Nancy A. 4, Thomas H. 5, Elizabeth A. 3, Susan P. 2 (95)
FUQUA, Caleb 73*, Emaline 60, Thomas 20, Moses 19 (44)
FUQUA, Gustavis 35, Elizabeth A. 36, William A. 12, John M. 10, Laura E. 7, Leander 5, Frances C. 3, Arthur H. 3/12, Robbert G. 3/12 (38)
FUQUA, James 40*, Sarah J. 34, Caleb 13, John 11, Mary 9, Walter 6, M. R. 3 (m), Eudora E. 1 (38)
FUQUA, Nelson 22* (B), Sally 21 (42)
FUQUA, Powel 27*, Sarah 24, Edgar G. 4, Lucus L? 2, Burrel 8/12 (44)
FUQUA, Richard 48 (B), Harriet M. 39, Mary J. 20, James H. 19, William L. 15, Martha S. 14, Sarah E. 13, Edith 10, Farlis 8, Waddy M. 6, Arthur 4, Maggie 2 (50)
FUQUA, W. A. 26?, Julia 25, Aaron F. 2, Catherine E. 5/12 (43)
FUQUA, W. A. 32 (m)* (38)
FURBY, Nancy 53*, Montrilla 23 (m), Norman W. 21 (96)
GADDES, Dolly 50* (5)
GADDIS, Ada 8* (5)
GADDIS, Bernetta 11* (19)
GADDIS, Sallie 16* (3)
GADDIS, Saml. 13* (4)
GADDUS, John 26, Mary J. 20, John 8/12 (64)
GALBREATH, S. D. 30 (m), M. A. 24 (f), N. C. 6 (f), R. 3 (m) (24)
GALBREATH, Wilson 66, Betsy 68 (24)
GAMMON, Aleck 50*, Martha 45, William 23, Addie 19, Miller 17, Pattie 15, Emma 12, Alice 9 (29)
GAMMON, Eli F. 48, Margaret D. 35, Mary E. 18, Wm. M. 14, C. J. 11 (m), Theodosia A. 9, Franklin B. 7, John W. 4, Lucinda A. 1 (62)
GAMMON, Elija 23, Ann H. 26, Cora B. 8, Mary E. 7, Martha S. 4, Lucy J. 2, Laura M. 6/12

1880 Census Macon County Tennessee

(2)

GAMMON, Elizabeth 37*, Adam 13 (56)
GAMMON, Henry A. 47, Louisa 47, Henry A. 19, Juno G. 15, Eli F. 13, Martha A. 11, Nancy E. 7, Britten L. 5 (68)
GAMMON, J. R. 27 (m), Phebe J. 22, Martha A. 4 (6)
GAMMON, James A. 21* (63)
GAMMON, James W. 24, Nancy J. 28, John B. 5, Louisa S. 3, Ida M. 7/12 (66)
GAMMON, John 28*, Mary A. 25 (56)
GAMMON, John H. 71, Martha C. 40, Suffina S. 12, Wm. S. 10, Josiah G. 8, Isiah C. 6, Alves M. 3, Reubin C. 2 (68)
GAMMON, John I. 22, Mary B. 18, Grant 10 (66)
GAMMON, John L. 65*, Amanda M. 39, Susan W. 27 (64)
GAMMON, John M. 45, Mary A. 45, Jeff D. 12, Amanda S. 8, Nepolion D. 6 (56)
GAMMON, Mary A. 53* (56)
GAMMON, Mary S. 34* (58)
GAMMON, Milly 75* (7)
GAMMON, Phillip 18* (62)
GAMMON, R. A. 19 (m), Elizabeth F. 21 (56)
GAMMON, Susan 28* (59)
GAMMON, T. M. 22 (m), Martha E. 22 (7)
GAMMON, Thomas 58*, Sarah 40, Elizabeth C. 4, Jarrel H. 2, Fannie 4/12 (60)
GAMMONS, W. M. 39 (m), Letha A. 36, Mary E. 13, Letha S. 11, Thos. D. 9 (6)
GAN, Christopher 37, Josephine 25, John H. 12, Ase 9, Luandrew 8, Mary C. 5, Daniel F. 1 (55)
GAN, Daniel 43, Martha 43, Jefferson 19, Miller R. 13, Jeseph 9, Maudie L. 7, Shela C. 4 (m) (54)
GAN, Elizabeth 68* (55)
GAN, John R. 36, Lassie 13, Charley 11, Shella 9, John D. 7 (54)
GARDNER, Robert 13* (14)
GARRETT, Charles 26, Dillie A. 25, Elonzo 8 (63)
GARRETT, James 65, Sarah J. 55 (43)
GARRETT, John 57*, Nancy J. 46, Loucinda A. 27 (63)
GARRETT, John B. 32*, Lina B. 11, Thomas R. 8, Eddy L. 6, America N. 4, John E. 1 (51)
GARRETT, Joseph 62, Mary A. 35, Nancy A. 15, Vinson B. 12, Sarah E. 9, Floritta 2, Nathan 1/12 (50)
GARRISON, Robt. H. 16* (55)
GASDEN, Sis 14* (60)
GASS, William A. 32, Frances F. 31, Martha 12, William G.? 10, Smith B. 8, Norris T. 6, Thomas H. 4, Lucinda A. 2 (91)
GAULDEN, James W. 21, Hannah F. 21, Olief E. 1 (61)
GAULDEN, James W. 30*, Cinthia A. 24, Wm. M. 3, Isaac F. 2, Charles E. 1 (62)
GAULDEN, Robert A. 51, Arthela A. 47, George P. 19, Robert S. 16, Mary S. 13? (61)
GAULDEN?, Isabella 87 (61)
GAULDIN, James C. 55, Mary A. 47, Hannah A. 13, Andrwe J. 10, Robt. C. 8, Amanda F. 5, Charles A. 3, John F. 20 (61)
GEMMONS, Josephine 15* (11)
GENT, John 43, Mary J. 41, Harvey D. 19, Sarah A. 17, Amanda 9 (33)
GENTLE, Wm. 45*, Mary A. 46, Elmore 5, Harcus 3, Walter 11, Dora 9, Ada 7, Cammie 5,

1880 Census Macon County Tennessee

Oliver W. 1 (22)
GIBBS, Alford 67*, Elvira 47, Robert P. A. 13, Alford M. 11, Valeria N. 9 (96)
GIBBS, William W. 69*, Jane W. 54 (99)
GIBSON, Jas. D. 65, Cyntha 70, Geneva L. 5 (36)
GIFFORD, Almira 46, Kate 14 (41)
GIFFORD, Barnett 59, Ann 57, Mary F. 22, James C. 20, Liney A. 15 (57)
GILLENWATER, Celie 40* (B) (5)
GILLENWATER, E. 8 (m)* (B) (4)
GILLENWATER, John R. 36, Mary E. 32, Fleta C. 13, Eliga H. 10, Abraham A. 6, Joseph E. 5 (75)
GILLENWATER, Maggie R. 10* (2)
GILLENWATERS, Hance A. 45, America A. 46, Eliga A. T. 4 (78)
GILLIAM, Chas. 16* (37)
GILLIAM, Jas. 17* (33)
GILLIAM, Marcus 44, Emily 26, Thomas 11, Mildred 9, Elwood 3, Elmore 2, Matilda 3/12 (32)
GILLIAM, Sarah 20* (30)
GILLIAM, Wm. H. 30, Susan A. 24, Roy 6, Birdie 4, Virginia 3, Angie 6/12 (31)
GILLIHAN, Andrwe V. 42*, Mary F. 40, Uriah 16, Fannie 14, Sidney B. 12, Jency P. 10, Lucinda R. 8, James B. 5, Adar F. 8/12 (65)
GLOVER, Andrew J. 28*, Mary E. 18, Dolly E. 2, James E. 5/12 (79)
GLOVER, Eli? 23, F. E. 17 (f), C. B. 2 (m) (10)
GLOVER, George 42, Savila 42, Sarah E. 21, Lavester C. 17, William J. 14, Samantha C. 11, Isaac N. 8, Nora S. 5, Lemmer M. 2 (f) (87)
GLOVER, George L. 42, Sintha J. 38, William L. 18, Laura A. 12, Mosy W. 10, Edward B. 7, Polly M. 6 (75)
GLOVER, J. G. 73 (m)*, Polly 60 (10)
GLOVER, James 20* (36)
GLOVER, Joel 32, Mary J. 37, Fannie 15, Malvina 13, William 10, Andrew 9, Minne B. 7, Hugh P. 6?, Joseph E. 4, Richard 2, Taylor 8/12 (14)
GLOVER, Malvina 16* (43)
GLOVER, Nancy 50* (35)
GOAD, Daniel 78?, Octoby? 26 (f) (98)
GOAD, Ellis E. 29, Ophilia 29, James C. 9, Mary E. 6, Assie Lee 4, Onid F. 2/12 (97)
GOAD, Harvey 51, harriett 34, Gurtrude 14, Harvy C. 13, Mollie 8, Bell 4, Shuler 1 (98)
GOAD, Jacob 81*, Margerett J. 37, Katerine 28 (93)
GOAD, John 74*, Permela 73, William C. 37, Precilla J. 32, Marie M. J. 7? (101)
GOAD, John Q. 53, Florinda F. 53, Margaret A. 24, Lizzie S. 23, Corintha J. 22, Harvey H. 20, Wm. S. 12 (67)
GOAD, R. 3 (m)* (86)
GOAD, Rich H. 44, Elisabeth 45, Daniel D. 13, Margaret J. 10, Mary E. 8, Emely J. 4 (20)
GOAD, Richard 64, Elizabeth 45, Hutcherson F. 45, George 14 (97)
GOAD, Rubin 37, Parzetta 35, Mary A. J. 11, Nancy E. 4, William C. 2 (94)
GOAD, William 19* (85)
GOAD, William D. 22, Ela 19 (12)
GOARD, Susan 49*, James W. 20, Henry L. 16, Pamela 13 (28)
GOODALL, Byton 25* (B), Susan 22, Queen E. 4, George 1 (39)
GOODNIGHT, Sallie 43*, James M. 6 (56)

1880 Census Macon County Tennessee

GOULDIN, Alex 59 (B), Henrietta 48, Carral L. 14 (m), Laura B. 8, James M. 5 (18)
GOULDIN?, Geo. 37 (B), Susan 39, Jackson 26, Cornelia 24, Clara B. 6, Bedee E. 1 (16)
GOVER, James A. 40, Mary E. 41, John H . 14, Elizabeth F. 12, William W. 11, Sarah E. 9, Ellis N. 8, Osker I ? 4, George E. 2 (100)
GRANADE, Levi S. 25*, Jimimy S. 30, Levy S. A. 8, Darthula 2 (84)
GRAY, Henry 13* (98)
GRAY, Sarah E. 10* (18)
GRAY, Sidney S. 37, Nancy E. 36, Emily J. 11, George W. 9, Matilda M. 5, Mary E. 3 (79)
GRAY, W. J. 36 (m)*, Pruda A. 28?, Mary E. 8, Joe G. 3 (18)
GREEN, Jas. R. 22, Emma S. 22 (90)
GREEN, Louis 40, Elisabeth 37, James J. 11, Mary J. 9, Josephine 7, William 5, Celia 2 (9)
GREEN, T. F. 54 (m), Eliza L. 58, Wyett B. 26, Thad A. 23, Abraham L. C. 18, Azalee T. 8, John W. 5 (94)
GREEN, T. J. 32 (m), Nancy E. 30, Sarah 10, A. C. 7 (m) (9)
GREEN, Wm. E. G. 8*, George W. 1, Baby P. 5/12 (67)
GREEN?, J. S. 38, Parthena J. 30, Thos. M. 4, James T. 2, Mary A. 7/12 (6)
GREGG, Lucy 72*, Nelly 43 (41)
GREGORY, Able 43, Sallie 33, James A. 17, Joel E. 16, Geo. A. 14, Marth J. 12, Sarah A. 10, John A. 8, Mary F. 4, Frank P. 1 (10)
GREGORY, Chesley B. 32, Sarah E. 20 (63)
GREGORY, Curtis 62*, Rachel 58, Martha A. 36, Wm. E. 18 (66)
GREGORY, Elias E. 25, Tabitha 22, Clarrance 2 (f), Ida 5/12 (64)
GREGORY, George 36?, Alice 21, Mada? 1 (f) (2)
GREGORY, Harvey S. 25, Martha F. 21, Ammie L. 1 (66)
GREGORY, Henry B. 28*, Sarah F. 23, Merlin J. 4, Harvey L. 2, James H. 3/12 (67)
GREGORY, J. L. 73 (m), Amanda E. 55, M. S. 7 (f) (8)
GREGORY, James F. 12*, Jennie B. 11, Victora A. 6, Charles R. 4, Mattie 2 (54)
GREGORY, John 55, Louisa 53, Julia F. 20, Wiley C. 17, Ulley P. 14 (64)
GREGORY, Joseph P. 31*, Nancy S. 23, George A. 4, James R. 1 (66)
GREGORY, Joseph R. 54, Nancy E. 54 (67)
GREGORY, Mahrida 45* (98)
GREGORY, Nancy G. 54, Harriet S. 23, William H. 17 (1)
GREGORY, Simpson L. 33*, Lourana N. 37, Loudora 11, Gemima E. 9, Alice H. 7, Isham J. 5, Gettie C. 3, Wisman C. 1, Viola F. 1/12 (67)
GREGORY, T. I. 23 (m), mary E. 22, Mattie L. 2, Ada 1/12 (64)
GREGORY, T. J. 29*, Letha A. 25, Maud A. 3, Elvina 31 (4)
GREGORY, Wite J. 24, Bettie E. 20, Wm. H. 4, James C. 7/12 (66)
GRIDER, Henry S. 40, Mary F. 28, Minnie M. 10, Vera M. 1 (69)
GRIFFIN, Lucas 78?, Mary 74 (53)
GRIFFIN, Riley 39, Eveline 40, Alonzo 10, Merida 7 (m), Melissa F. 5, Ida 4, Tandy 3 (47)
GRIFFIN, W. 21 (m)* (33)
GRIGG, George 34, Patty 30, Hester 1 (46)
GRIGG, Henry 68*, Else 59, Elizabeth 35, Louvena 30 (46)
GRINADE, James 52, Annie 52, William 19, Fil Grant 16 (84)
GRISSOM, William 56, Marcus 47, Leroy M. 16 (96)
GROOMS, john 36, Louisa 30 (35)
GROSS, Edward 33, Julia 27, F. W. 9 (m), W. E. 7 (m) (38)
GROSS, Goolsbery 18, Lucy J. 21 (61)

1880 Census Macon County Tennessee

GROSS, James 9* (60)
GROSS, Julia 7* (5)
GROSS, Mary 16* (41)
GROSS, Yateman 30*, Mollie S.? 32, Lucy F. 10, Nancy E. 7, Lea A. 5, E. G. 3 (m), H. Y. 2/ 12 (m) (38)
GUM, Charles 18* (B) (5)
GUM, Charles 50 (B), Jane 56, Adaline 27, Zechy A. 19, Henrietta 14 (12)
GUM, John 24 (B), Hanah J. 25, Emer J. 1 (17)
GUM, Moses M. 71, King K. 31, Melissa L. 25, Nancy C. 12, William J. 9, Sarah A. 8, Lucy J. 6, Dente 3, Joduff? 1 (74)
HAISE, Sampson 50 (B), Lapry? 12, Essu 10 (71)
HALE, Joseph 45, Elizabeth 55, Robert 25, Manerva J. 21 (92)
HALE, Robert 40, Lizabeth A. 38, John S. 13, Laretta G. 11, Ludillas A. 8, Mary M. B. 7, Kitty B. 5, Nannie M. 2 (90)
HALEY, Nancy A. 45*, Thomas A. 12 (59)
HALEY, Robert 60, Elisabeth 50, Thomas 18 (9)
HALEY, William 50*, Nancy P. 40 (5)
HALEY, Wm. J. 30*, Louisa 25, John W. 8, Mary F. 6, Ida 1, Mary E. 6, Melie A. 6, Melie J. 23, Rhoda B. 3 (64)
HALL, (B), James 48, Mary 55, Willie 13, Aggy J. 12, Thomas 8, Doctor 6, Lee H. 4, Nelia 2, Hager 1/12, Alfred 2 (43)
HALL, Almeda 36* (51)
HALL, George T. 24* (48)
HALL, James 18* (33)
HALL, James H. 34, Martha J. 38, John R. 15, Sarah E. 13, Martha E. 12, Tildy A. 10, Joshua W. 8, William F. 6, Leonadas 5, Thomas J. 3, Mary E. 1 (94)
HALL, John P. 26, Ellen 24, Sarah A. 2 (49)
HALL, Powel M. 56, Catharine 50, Henry 30, Allen 22, Robert 20, Nancy 17, Nice 15, James 12 (48)
HALL, Thomas 29, Malvina 20, William J. 5/12 (49)
HALL, William F. 17* (48)
HALL, William T. 68, Serena 54, James 18, William T. 17, Alford R. 15, Emilla J. 14, Mary E. 12 (49)
HALL, Zacariah 31 (B), Adaline 30, Salley 3, Tallads 2 (f), Minnie B. 1, Louisa 60, Mary 21?, Peggy 49 (38)
HALLIBURTON, Humps? 64, Frances 47, Mary E. 26, Thomas M. 24, Wesley M. 21, William A. 21, Pondelor 18 (f), Mandy M. 16, Don W. 14, Paton L. 13, Nancy F. 11, Emily H. 14, Arilda G. 6 (85)
HALLIBURTON, James 26* (51)
HALLIBURTON, James 67, Nancy 65, Feby 27, James 9, John 7, Frank 5, Jame C. 3 (f) (85)
HALLIBURTON, T. H. 26 (m), Ogela 24, Sarah E. 5, James H. 1 (85)
HAMMELL, A. 36 (m) (B), Mary J. 25, Lourinda 5, unnamed 4/12 (m) (4)
HAMMOCK, Coleman 54, Emily A. 42, Jacob E. 19, David V. 17, Elizabeth G. 12, Sally S. 9, William T. 6, John B. R. 2 (51)
HAMMOCK, D. B. 48 (m), W. G. 16 (m), M. A. E. 14 f) (27)
HAMMOCK, F. 80 (f)*, Elizabeth 36 (22)
HAMMOCK, H. 23 (m), Doshia 28, W. S. 1 (m) (27)
HAMMOCK, M. 68 (f)* (27)

1880 Census Macon County Tennessee

HAMMOCK, Thomas 25* (B) (57)
HAMMOCK, W? L. 28 (m), Mary A. 17 (26)
HAMMOCK, Washington 28 (B), Avy 20, Ida 3, James 6/12 (58)
HANCOCK, Harriett 47* (B), Alexander 5? (22)
HANES, Benj. M. 43, Crittendon 31, Calvin 49, Clarence 7 (34)
HANES, G. T. 29 (m), J. B. 28 (f), Effie C. 8, Samuel 4, Charlie 2, Beulah 6/12 (36)
HANES, J. H. 38 (m), Samantha 28, Leslie 4, Lenard 1, F. D. 22 (m) (36)
HANES, Marion 44, Mary J. 39, Alice C. 18, Eva 12, Johnnie 11, Mirtie 9, Eugene 6, Lillie J. 2/12 (34)
HANES, Thomas 80, Thos. J. 23, Millard 21, Susan C. 17 (35)
HANES?, Myzel 29, Amanda 24, Ellie 3, Mollie 3, Essie 8/12 (37)
HANKINS, C. T. 60, Matilda 50, Robert G. 20, A. F. 25 (f), Eliza J. 15, Lethie 8 (32)
HANSEN?, Cass 13* (B) (1)
HARDCASTLE, H. C. 48?, Nancy 41, Elizabeth 13, Nancy C. 10, Martha E. 6, Thomas L. 3, John H. 1 (94)
HARGIS, Calaminta? 64 (1)
HARGIS, Chrs. F. 28, Margaret A. 26, Permelia E. 14, Luisa E. 12, Nancey A. 10, Mahala J. 8, Amanda C. 7 (1)
HARGIS, E. F. 19 (m), E. P. 22 (f) (6)
HARGIS, Hugh F. 22* (55)
HARGIS, J. W. 64 (m), Matilda 32?, Martin F. S? 19, Andrew G. 17, Ovando G. 16, Harvey F. 12, Felix G. 8, E. B. 6 (m), Vesta L. 15, Letha A. 10, Lilly M. 3 (9)
HARGIS, James W. 23, Lucy M. C. 28, Fountain 2, Delie 1 (f) (79)
HARGIS, James W. 25?, Amanda 23, John H. 2 (1)
HARGIS, John P. 43, Elisabeth 40, Lucy P. 19, A. J. 18 (m), J. F. 15, John L. 13, Leona C. 6, Eliza A. 3 (5)
HARGIS, Nancy 80* (7)
HARGIS, S. 16 (m)* (10)
HARGIS, S. B. 35 (m), Ann C. 38, Mary C. 13, Martha E. 11, Matilda 9, Geo. W. 5, Shedric H. 1? (1)
HARGIS, Thomas J. 39*, Nancy J. 36, John P. 13 (68)
HARGIS, William A? 49, Sarah D. 33, Wiseman? Z. 15, Easom? H. 12, Nancy C. 10, Clemmey A. 7, Robt. A. 3, Geo. W. 1 (1)
HARGIS, William L. 26, Amanda O. 26, John W. 3, James E. 2, Alva L. 3/12 (11)
HARGIS, Wm. A. 19, Eliza E. 22, Thomas H. 11/12 (68)
HARGIS, Zachariah 47*, Hannah F. 22, John L. 20?, Martha C. 14, Miles W. 11 (1)
HARGIS?, John 83, Permelie 81 (1)
HARGIS?, Winfield 25, Lucinda 25, William H. 7/12 (10)
HARGUS, A. 25 (f), Amanda S. 8 (10)
HARLAN, S. M. 38 (m)*, Mary E. 31, Nora A. 13, Ada 11 (30)
HARLIN, Aura 31 (m), Laura A. 24, Prentice 1 (3)
HARLIN, Eliza 42, Nancy J. 32, Mary E. 14, William A. 11, Cora 9, Minnie 7, Susquehanah M. 4, Sallie P. 2 (93)
HARLIN, Hand 30, Smitha 24 (f), John S. 7, Allice 4 (91)
HARLIN, Ivy 26 (B), Mary 36, Amy 14, Daniel 11, Alfred 9 (41)
HARLIN, Samuel C. 36, Phebe D. 36, Andrew D. 10, Lolar 8, Isac C. 6, Sarah L. 4, William R. 1 (69)
HARLIN, William 32, Quintilla 28, Lucy A. 10, Howard 9, John R. 6 (92)

1880 Census Macon County Tennessee

HARP, Alman 35, Amanda 30 (96)
HARP, James 25, Sarah A. 23, Thomas 1 (95)
HARP, Thornton 54, Mary M. 51, George W. 27, Canady 23, Racheal A. 17, Martha S. 15, John F. 13, James A. 3/12 (94)
HARPER, Alfred 37, Elizabeth 43, Melissa 13, Rosetta 11, Allen W. 6, Frank A. 3, M. 50 (f) (36)
HARPER, Charlotte 29, Ellis L. 9, Elen N. 3 (80)
HARPER, Henry 34, Rachel 41, James H. 15, William T. 13, Betsy J. 8, Sarah F. 6, Mary 10/12 (15)
HARPER, Layton 34, M. S. 29 (f), John L. 7, Rosetta 5, no name 2/12 (m) (36)
HARPER, Mandy 56, Lincoln 17, Isiabel 12 (81)
HARPER, Manson 29, Molinda A. 29, Nora E. 8, Ada F. 6, Gidion T. 3, Lovenie V. 1 (81)
HARPER, Matthew 52*, Nancy 13, Polly A. 15 (36)
HARPER, Polly A. 14* (79)
HARPER, Shelton 66, Elizabeth 44 (81)
HARPER, Stephen C. 51, Harriet C. 50, Eson W. 21 (74)
HARRALD, Tobias 28, Elisa J. 32, Noah? 7, William R. 5, Joseph V. 4, Camila F. 1 (14)
HARRIS, G. C. 63 (m), E. C. 56 (f), T. G. 41 (m), D. B. 17 (m), J. C. 14 (m), G. R. 21 (m) (25)
HARRIS, Jobe 9* (93)
HARRIS, John 53, Elizabeth 72, Celina F. 22, Olive 7, John W. M. 1 (90)
HARRIS, Sumpter 26, Jane 23, Henry H. 2 (33)
HARRIS, Sumpter 29, Jane 26, Henry H. 2 (50)
HARRISON, Ranker? 61 (m), Sarah N. 49, Charley 11 (89)
HARWOOD, Fransis M. 36, Elizabeth C. 38, Ellesa E. 14, William K. 12, Yancy W. 9, Fransis 6, Thornbury 4, Granvil W. 2 (73)
HARWOOD, William E? 38?*, Martha P. 44, Yancy A. 7, Mary A. 5 (69)
HASKINS, John 22, Milly M. 21 (14)
HATCH, Durant 34* (29)
HATCHER, C. H. 58 (m), Martha A. 50, Jessie 25 (f) (30)
HAWKINS, Danl. 39 (B), Martha 29, Susan J. 15, Daniel jr. 18, Eliza J. 5, John P. 2, George W. 7/12 (22)
HAWKINS, Josh. 37*, Rody Ann 42, James 14, William B. 11, John L. 8, Sarah E. 5, Henry T. 5, Nathaniel 3, Louey 2/12 (f) (86)
HAWKINS, S. C. 34 (m), Mary A. 32, David L. 9, Callie J. 8, John L. 6, Charlie 4?, George A. 2, Robert L. 1 (32)
HAWKINS, S. R. 53, Mary A. 50, H. C. 22 (f), W. B. 20 (m), J. L. 14 (f), J. A. 11 (m) (25)
HAYES, W. F. 31 (m), Willie E. 21 (93)
HAYNES, Margarett 62*, William D. 29 (14)
HAYNES, T. C. 36 (m)*, Susan 24, Robert E. L. 9, Baily R. 2 (14)
HEETER, Kay 27, Rosetta M. C. 15, Mary L. 8/12 (75)
HENRY, J. 23? (m), E. J. S. 22? (f), E. J. 1 (f) (9)
HENRY, R. 26 (m)*, William G. 15, Jennie B. 12 (99)
HENSON, William 47*, Margaret 40, John W. 21, Thomas A. 18, James 13, William 9, Margaret A. 6, Ruth 2/12 (50)
HERLEY, Mahala 54, Thomas 34, Samuel 20 (53)
HESSON, Amanda 18* (62)
HESSON, Arter 38, Susan J . 35, Wm. P. 15, James H. 14, Harvey 12, Mary E. 9, Joseph F.

1880 Census Macon County Tennessee

    7, Rose 3 (61)
HESSON, Fannie 28* (56)
HESSON, John 47, Martha A. 42, Amelia 17, Mary S. 12, Celina 9, James H. 7, Richard F. 3
    (56)
HESSON, Wm. 35, Emma R. 31, James A. 11, Wm. A. 9, Willis F. 7, Elizabeth 5 (56)
HICKMAN, Wm. 34, Malvina 22, Camilia 9, Jesse J. 7, Effie 5 (31)
HICKS, James 58*, Mary 28, W. W. 12 (m), W. M. 7 (m), J. V. 5 (f), A. S. 3 (m) (27)
HICKS, Mary A. 33*, Isac A. 16 (73)
HICKS, Samuel 26, Dica 22, George 4 (41)
HIE, Alice 32*, Sadie 4/12 (36)
HIGH, Ben R. 44 (12)
HINES, Henry 24, Cyntha 26, John 12, Allice 6, James 4, Ollie 3 (f), Nehemiah? 2, Alfred 4/
    12 (15)
HINES, Robt. H. 38, Queen? V. 27, Amand E. 5, Sallie P. 1 (14)
HINSON, Charles 71, Malinda 65, Grace Mary 12, Monroe 11, Davis Bell 8 (f) (86)
HIRE, Fountain 38?, Frances A. 34, John L. 17, Mary E. 16, Key 15 (m), James Y. 13,
    Carmila F. 42, Samuel 11, Laura S. 9, Martha D. 7, William B. 4, Delie M. 2,
    Rosetta 1/12 (81)
HIRE, Frankliln 32, Elisabeth 31, Mahala C. 9, Puss L. 7, Cornelia A. 3, Rosetta? 5/12 (16)
HIRE, John 26, Harriett 26, Leona 9, Nealie F. 7, Permie M. 2, Floretta 7/12 (23)
HIRE, M. W. 22 (m), Martha 19, Allen R. 9/12, Harriett 50, Melinda 25 (29)
HIRE, Peter 35*, Alice G. 25, James F. 8, Martha 6, Sallie S. 5, Lucinda 3, Fannie 2 (30)
HIRE?, John 60*, Matilda? E. 39, William 20, Mary E. 9/12 (16)
HODGE, Harriet 26, Molly A. 6, Ezekiel A. 4, John A. 1 (52)
HODGES, Charles W. 28, Mary E. 27, Mary C. 18, Charles E. 3, James B. 1 (78)
HODGES, Newton 37, Sarah 44, Stephen 12, John W. 11, Philip J. 10, Mary J. 7, Charles 1
    (4)
HODGES, William G. 26*, Joseph A. 24, Martha 18 (83)
HOFMAN, James 52* (B), Sarah J. 37, Frances F. 11, Martha J. 3 (5)
HOGAN, Mary 25, Dathula 8, Franklin 3, Margaret 5/12 (28)
HOGAN, Timothy 42, Lovina 40, William A. 14, Mary J. 12, Joseph J. 8, Elisabeth 5, Henry
    C. 3 (9)
HOLCOM, Nancy E. 11* (8)
HOLLAND, Asa H. 45, Lucy F. 41, Gertrude 16, John F. 21, James D. 19, Sauel F. 13,
    Granville 11, Patrick 9, Dosia 6, Lelthie S. 2, no name 11/30?(f) (60)
HOLLAND, Charley B. 46*, Nancy A. 43 (73)
HOLLAND, Geo. 33 (B), Camila 22, Elijah 7, Sarah J. 6, Laura B. 5, Mollie 3, Charley 2 (4)
HOLLAND, James 62, Frances 62, William 37, Mary E. 25, M. M. 18 (m) (10)
HOLLAND, Jesse B. 35*, Fieurana? F. 28, James T. 10, Warner 3, Willie B. 5/12 (69)
HOLLAND, Matilda S. 13*, James A. 10, Isabella E. 7 (61)
HOLLAND, Rebecca 64* (55)
HOLLAND, Sallie 90* (B) (4)
HOLLAND, Stephen 75*, Matilda G. 54 (60)
HOLLAND, Tandy F. 14* (73)
HOLLAND, William 50, Frances 41, John S. 16, James B. 15, Mary C. 14, Flemin H. 4 (f),
    John 59 (11)
HOLLAND, William F. 30*, Disa 35, Perlie C. 5, Isac J.? 3, Ellesie J. 2 (74)
HOLLOMAN, B. J. 59 (m), Lee 39 (f), Samuel 12, Jeremiah 11, Lucinda 9, Mary H. 7,

1880 Census Macon County Tennessee

Benjamin J. 3 (85)
HOLMAN, Amy 49, Wm. A. 22, Thomas 21, G. Washington 13, Sallie A. 17 (24)
HOLT, Louven H. 26* (53)
HOLY, James 25* (B) (41)
HOOPER, Thomas L. 18* (65)
HORNE, Charles 25, Elisebeth 53 (73)
HORNE, Charlotte 52*, Ira H. 19 (70)
HORNE, Johnothan W. 34, Sarah F. 24, Dolly J. 9, Anderson B. 4, Richard 2, Jessey P. 6/12 (70)
HORNE, Matilda 61* (74)
HORNE, Merrila 26 (m)*, Matilda 44 (74)
HORSLEY, Simon 26 (B), Celia 30, Willis 6, James 4, Mary 2, Lela A. 1 (46)
HOSKINS, James 85*, Mary 17, Martha 25 (37)
HOSKINS, Martha 18*, Bertha D. 11/12 (27)
HOSKINS, Riley 35, L. 30 (f), Ella 14, Jane 10, Cyrus 8, Charley 4, no name 2 (m) (37)
HOUSER, Henry 18* (B) (5)
HOUSLEY?, Saml? C. 50, Robbey 19 (41)
HOUSTON, Saml. 17* (B) (14)
HOWELL, John 50, Sarah J. 36, William 15, Martha D. 14 (37)
HOWELL, Josiah 15*, Moses E. 7 (20)
HOWSER, Jacob 50 (B), Martha 52, Frank 22, John J. 10, William W. 9 (90)
HOWSER, Stephen W. 33, Melvina 27, Wade H. 12, Nancy E. F. 10, Sally H. 6, Jodouglas 1 (m) (74)
HOWSER, Thos. J. 56, Mary E. 41, Stephen N. 17, Rosy L. C. 15, Moses P. 13, William D. 10, Poky H. 8, Henry H. 6, Ward 4 (f), Dick 2 (87)
HOY, William A. 35, Mary J. 34 (41)
HUDDLESTON, Miles 70, Eliza A. 53, Clarisa C. 28, Hanah 22, Leroy 20, Samuel A. 18, Thomas J. 15 (96)
HUDDLESTON, Sue 50*, Emily H. 16 (87)
HUDDLESTON, T. D. 28 (m), Mary E. 23, Maud 4 (89)
HUDSON, Ritchard 50, Mary E. 45, James M. 11 (79)
HUGHES, A. N. 50 (m), Sarah 40, Virginia 14, Mary C. 12, Sudie 9, Wm. B. 8, Hester A. 7, Cora 1 (21)
HUGHS, Clement W. 50*, Darthula A. 39, Cora E. 15, Martha C. 13, John E. 7, Lucy J. 5, James F. 2 (60)
HUGHS, John P. 50, Sarah J. 42, Susanah 18, William H. 16, Louis A. 14, James F. 11, Cyrus A. 8, Susan E. 17, James J. 14, Henry L. 12 (16)
HUGHS, Wm. J. 23, Clementine 25, Sarah J. 2, Odella 1/12 (60)
HULET, Thomas J. 34*, Elizabeth J. 30, Oscar M. 2 (51)
HUMPHREY, J. 30 (m), Mary J. 27, Mary E. 8, Nealy F. 2, Wm. M. 5 (28)
HUTCHENS, A. L. 42 (m), Margerett F. 42, Samuel F. 18, Joseph B. 15, Prudy J. 12, Lucy T. 10 (88)
HUTCHINSON, David 76* (20)
HUTSON, George W. 55, Cernelie J. 33, Laure B. 7 (73)
INGHRAM, K. 17 (m)* (29)
IRWIN, Vinson 38, Emma 25 (41)
ISENBURG, Ary 47 (f), James 27, Frances E. 22 (86)
JACKSON, Blanch 17* (62)

1880 Census Macon County Tennessee

JACKSON, Flemin 25* (86)
JAMES, Abner 28, Dicy E. 35, Thomas S. 13, James A. 11, Charley C. 8, Maggie S. 5 (89)
JAMES, Thomas 59, Mary J. 45, Nancy J. 22, Martin B. 21, Sarah L. 19, Armeda W. 17, Ethely L. 13, Leenia 7, Thomas O. 3 (97)
JAMES, William 42, Mary 35, James W. 15, Sarah A. 11, Cyrus 9, Lenord 4 (f) (96)
JENKINS, Bell 35 (B), Mary 11, Silvy 3, John D. 5/12 (51)
JENKINS, Camela 14* (B) (3)
JENKINS, Coleman 60, Sarah A. 18, Mary 12, James 10, Sabia 8, General Grant 6, Thomas 4 (9)
JENKINS, Cyrus 24* (66)
JENKINS, Edward 75* (B), melinda 70 (50)
JENKINS, Ellis 22* (66)
JENKINS, Geo. 60 (B), Marina 59 (4)
JENKINS, Geo. W. 35*, Mary T. 33, Mahala E. 13, Hanah L. 11, James S. 9, Mary R. 7, William F. 3 (16)
JENKINS, George 25*, Martha A. 30, Andrew J. 5, Richard A. 1 (58)
JENKINS, George 26 (B), Jane 22, America 3, Lanea? 1 (45)
JENKINS, George W. 31, Margaret E. 28, Wm. F. 9, Elonzo C. 8, Wilson W. 6, James H. 4, Mary E. 2, Laura B. 1/12 (66)
JENKINS, Halem 13* (B) (51)
JENKINS, J. G. 48*, Matilda 29, A. H. 15 (f), C. E. 5 (f) (6)
JENKINS, James 73, Seville J. 26 (16)
JENKINS, Jefferson 56, Sarah E. 50, Lucy A. 23, Dora A. 3 (15)
JENKINS, Joel C. 18* (66)
JENKINS, Joseph 52, Martha S. 46, Hugh L. 20, Sarah E. 11, Laura S. 3 (15)
JENKINS, Lizzie J. 43* (B), Marlinl 7, Frances 8/12 (41)
JENKINS, Mary A. 57* (B) (8)
JENKINS, Matilda 40* (28)
JENKINS, Monroe 25, Victora 21, Cora E. 3 (15)
JENKINS, Reubin 24* (57)
JENKINS, Rubin 41, Martha M. 37, Rubin S. J. 17, John H. C. 13, Alexander W. 11, Mary A. 9, Henry M. 3? (1)
JENKINS, Samuel 40, Mary 37, Ruth A. 20, Jefferson 18, Nancy 15, Martha 13, Tanzeetta? 11, Ira J. 9, Bettie 6, William 4, Brittan 7/12 (10)
JENKINS, Shelby 60, Catharine 46, Julia A. 18 (15)
JENKINS?, Hermon 20* (30)
JENKIS, Wiley 22* (5)
JENT, King H. 53*, Mary J. 41, William W. 18, Nancy? 13, Paula E. 11, Thomas 8, Baley W. 5, Drury B. 2, Thomas 83? (82)
JENT, Mary 68* (80)
JENT, Thomas H. 37, Margret 37, Fanny A. 13, William B. 12, Eliga A. 11, Robert W. 8, Mary G. 7, Martha J. 5, Sarah E. 4, Charles G. 2, Samuel W. 3/12 (81)
JENT, Thomas H. 66, Ratchel A. 36, Charley H. 7 (75)
JENT?, Samuel 23, Ada R. 17 (37)
JINKINGS, R. P. 49 (m)*, Martha E. 34 (101)
JINKINS, Alfer 20, Nannie 17 (96)
JINKINS, Sam B. 43, Pernice J. 42, Harmon S. 19, William W. 15, Annie B. 7, Samul T. 5 (91)

1880 Census Macon County Tennessee

JOANES, Cora R. 56, Isindia 54 (79)
JOANES, James G. 55*, Mazia 51 (79)
JOANES, James M. A. 42*, Tenie 42, Henry A. 19, Franklin J. 17, Nancy A. 16, Thomas J. 14, William P. 13, Sarah J. A. 11, Mary M. 9, Noah W. 8, Adia S. 3 (83)
JOANES, James R. 26, Mary E. 29, Henderson H. 13, Valera C. 7, John M. 4, Nancy T. 2, Futhey 9/12 (m) (77)
JOANES, Wiley F. 24*, Juda 31, Charley J. 5, Balia S. 3 (m) (80)
JOANES, William W. 35, Mary A. E. 37, Minnie B. 8, Robbert W. 7, Albert M. 6, Semantha E. 4, Harvey W. 1 (79)
JOHNS, Calvin 26, Martha A. 23, George W. 6, Margaret 3 (43)
JOHNS, Henrey 46, Mary A. 47, Mariah 23, Missouri 19, Ruanna 15, John 13 (43)
JOHNS, James T. 19*, Nancy B. 32, Joseph 1 (56)
JOHNSON, (B), Zack 27, Jane 35, Emilla B. 11, Emma J. 7, Sally 6, Lewis 5, Mary 3, Eliza 1 (39)
JOHNSON, Adaline 22* (B) (3)
JOHNSON, Baily 11* (B) (51)
JOHNSON, Burrel 16?* (B) (57)
JOHNSON, Burrel 51 (B), Alice 45, George 21, Mollie 17, Ellis 8, Franklin 6 (38)
JOHNSON, Canzada 19* (63)
JOHNSON, Geo. W. 23, Sarah 20, _____ T. 2 (m) (37)
JOHNSON, Hannah T. 60*, Andrew M. 18, Lucy L. 16, Emma G. 12 (57)
JOHNSON, J. S. 38 (m), Adaline 35 (9)
JOHNSON, John 12* (B) (58)
JOHNSON, John P. 28, Isabel D. 24, Samuel? M. 3, Mary E. 6/12 (2)
JOHNSON, John W. 39*, Susan A. 29, Lon F. 11, Lucy B. 9, Alice B. 7, Mary B. 5, james W. 3, Jesse K. 1 (54)
JOHNSON, M. B. 62 (m)*, Lourinda 58 (3)
JOHNSON, Phillip C. 50 (B), Matilda U. 30, Susan A. 16, Franklin B. 11, Laura M. 8, Lucinda 6, David G. 2, Catharine 2/30 (61)
JOHNSON, Rebecca 18* (55)
JOHNSON, Silvie 49* (B), Georgie A. 24, Amanda J. 14, Columbus 2, Persey 10/12 (58)
JOHNSON, Toney E. 28 (B), Martha S. 23, John W. 5, Mary M. 4, Wm. S. 3, no name 8/12 (f) (57)
JOHNSON, W. A. 42 (m), Nancy L. 36, A. M. 3 (m) (9)
JOHNSON, William B. 42*, Martha A. 33, Minna B. 8, Mary B. 5, Mitta E. 2, James? 13 (14)
JOHNSON, William F.? 22* (12)
JOHNSON, Wm. C. 60*, Mancy 48, Thodosia A. 23, Joseph J. 19, Paul 11, Lucy E. 9, Grace M. 6 (57)
JOHNSON, Yancy 50, Mary 52, W. K. 21 (m), N. E. 19 (f), L. Y. 17 (m), A. T. 14 (f) (6)
JOHNSON, Zacheus 77, Delila 79, A. W. 35 (m), M. A. 35 (f), C. L. 1 (f) (9)
JOHNSTON, J. W. 39 (m)*, Sarah E. 34, Mary A. 13, John W. 10, William M. 6 (3)
JOLLEY, William H. 27, Lucy 24, Callie E. 4, Susan 1 (93)
JOLLY, E. R. 30 (m)* (33)
JOLLY, Tophe? 17 (f)* (33)
JONES, Annie 68* (35)
JONES, Bluford F. 50, Martha J. 51, Phillip T. 18 (65)
JONES, Broad 32*, Bettie A. D. 30, James G. 10, Thomas A. 7, Wm. M. 4 (60)

1880 Census Macon County Tennessee

JONES, Charles 49*, Laura W. 48, Amanda A. 25, Hannah A. 23, Walter 11, Belle C. 9 (54)
JONES, Christopher 13*, Olie D. 8 (31)
JONES, David 47, Jane 47, Willis 22, John 17, Sallie 17, Allice 15, Hettie 6 (10)
JONES, Elisha 62*, M. C. 45 (f) (23)
JONES, Elizabeth 46, Catherine 24, James C. 22, Jessey N. 21, Lenord G. 19 (98)
JONES, Elizabeth 48* (15)
JONES, Elves C. 39, Elzina 34, Wesly C. 13, Lucinda E. 12, Wiley J. 7, Dora A. 1/12 (80)
JONES, Ira 34, Mariah 24, Florence E. 8, Nail? F. 5 (m), Jeffrey 2, Nora E. 1 (18)
JONES, Isac 63*, Sarah C. 24, Laurinda E.? 22, Isaac N. 17, Thos. A. 14 (17)
JONES, Isal M. 43, Nancy A. 39, Martha E. F. 13, Charley W. 10, William T. 8, George W. 6, Robert W. H. 3, Dolly E. J. 1 (80)
JONES, J. A. 30 (m), Nancy C. 26, Sarah A. 2 (38)
JONES, James 23* (33)
JONES, James 78, Margiret E. 42 (80)
JONES, James A. 29, Martha A. 26, May 2, Elizaeth 70 (52)
JONES, James W. 33*, Martha A. 38, James T. 12, William A. 9, Martin F. 7, Elizabeth A. 4, Robert L. 2 (45)
JONES, John 30* (41)
JONES, John H. 38, Sarah F. 34, Jesse P. 12, Nancy E. 9, Margaret S. 8, Cammila 7, Henry J. 4, Mary C. 3/12, Rena S. 3/12 (49)
JONES, John S. 34, Nancy 32, William 11, Laura S. 10, Len Ella 8, Charlie 6, Maggie 5, Albert 2 (33)
JONES, John W. 47, Nancy 49, Alfred W? 13, Melinda 11, Sally 89 (40)
JONES, Judithan 73*, Lavina 60 (49)
JONES, Manerva A. 15* (15)
JONES, Mary A. 60, Mary M. 17 (33)
JONES, Mary J. 39*, Jordan P. 10/12 (27)
JONES, Melinda 58* (33)
JONES, Riley 60, M. 23 (f), C. 18 (f), M. 16 (f), S. 14 (f), E. 12 (m) (28)
JONES, Samuel F. 11*, Frances M. 9 (79)
JONES, Sarah 13*, Elisha jr. 11 (23)
JONES, Soliman N. 45, Evaline 46, John H. 23, Nancy C. 20, Silly D. F. 25, Franklin C. 19, James R. 17, Martha E. C. 3 (80)
JONES, Wesley 51*, Martha W. 33, Mary F. 16, Nancy J. 14, Luvina A. 10, William T. 7, Samuel A. 4 (96)
JONES, William C. 35*, Beveline? 28, William C. 6, Sarah B. 4, Minnie A. 1 (95)
JONES, William F. 16* (77)
JONES, Wm. A. 45, Frank 8, Frances 8, Jimmie 5 (33)
JONES, Wm. C. 24, Rutha A. 27, Richard M. 6, Martha S. 3 (64)
JONSON, Robbert W. 13*, Artemissey 7 (82)
JUMPER, James 52* (B) (51)
JUMPER, Meline 26* (B), Alice 15, Kitty 14 (50)
JUMPER, Nealy 6* (B), Martha J. 14 (24)
JUSTICE, Nichols A. 49, Maryan A. 25, Joseph 7, Andrew 5, Rebecca 3, Elmerrine 1 (67)
KEEN, Hugh C. 30, Nancy 28, John F. 7, William T. 6, Mary E. 4, Hugh H. 1 (82)
KEEN, Martha J. 47*, Mary W. 21, Lena A. 12, Verna B. 11, Maud B. 7 (59)
KEENE, Jesse 43, Mary 32, Bird W. 13, Lew Ella 12, Albert 10, Wesley 8, Lee Ella 2 (29)
KELLEY, Isaac 54, Martha 47, James A. 24, Sarah J. 20, Thomas M. 17 (57)

1880 Census Macon County Tennessee

KELLEY, James G. 66* (64)
KELLEY, Samuel 31, Susan J. 23, Lydia A. 3, Johny R. 2, Elija F. 6/12 (69)
KELLEY, William 30*, Manda 32 (82)
KEMP, Allen 33, Arbeda E. 20, Fannie E. 5, Laura P. 4 (95)
KEMP, Austin P. 38, Mary J. 38, Cyrus P. 10, Palow D. 8, Ider May 6, Betty M. 1 (94)
KEMP, Bailey P. 44, Judy 49, Burrell D. 17, Silas W. 16, Manerva 14, Margerett A. 16, Judy L. 8 (99)
KEMP, Elizabeth 74* (67)
KEMP, Henderson 22, Sarah H. 28, Dolly A. 3/12 (15)
KEMP, James W. 30, Gemima F. B. 30, Bettie E. 9, Jessey A. 8, Merlin M. 6, Flora S. 3 (67)
KEMP, Larkin 56, Anna 54, Lucy T. 14 (15)
KEMP, Wiley 51*, Elizabeth 49 (66)
KEMP, William 26, Sarah S. 18, John B. 2, Lelia M. 8/12, Barberry 66 (97)
KERBY, Buck 27* (B) (5)
KERBY, H. S. 33 (m), E. J. 43 (f), J. G. 11 (m), John T. 8, W. A. 6 (m), M. L. 3 (f), E. E. 15 (f) (8)
KERBY, J. D. 44 (m)* (8)
KERBY, Merlon L. 34*, Martha D. 28, Allis M. 10, A. Young? 6, Tully 4 (3)
KERLEY, Bobbert 42, Laura 26 (41)
KERLEY, Daniel 83, Elizabeth 81, Elizabeth J. 48 (41)
KERLEY, H. J. 28 (m)*, Z? A. 19 (f), Eddie 8/12, R. L. W. 21 (m) (21)
KERLEY, J. A. 35 (m), Susan 21, Nellie L. 1 (22)
KERN, James 23, Nancy E. 24, Cornela A. 1, Moses 4/12, Joseph 4/12 (15)
KERN, William 59*, Martha A. 57, Allice 21, William Z. 18, Leatha 15, Laura 14 (15)
KEY, Wm. G. 44*, Mahala 42, James 17, Talmage 7 (21)
KING, Albert 58, Sarah 54, Sarrah J. 19, Julia 16, George C. 13, Cora G. 9 (84)
KING, Demsthomese 41, Rebecca J. 27 (19)
KING, Frances 40* (B), James 17, Lizzy 9 (49)
KING, James A. 26*, Ollif 26 (f), James N. R. 3 (79)
KING, James W. 35, Mary M. 34, Selina A. 12, Willie E. 8, James H.? 5, Edgar G. 2, Cindy E. 4/12, Martha 60 (80)
KING, John W. 42, Lovina 30, George W. 12, Armeda J. 10, Loucinda F. 5, Mary E. 4 (19)
KING, Josiah T. 60, Louisa M. 50, Sarah A. 18, Benjamin E. 22, Juda E. 16 (m) (19)
KING, Lemuel S. 37, Martha A. 43 (80)
KING, Noah F. 20*, Mandy F.? 24, Charley P. 2, Walter B.? 1, Susan L. 1/24 (80)
KING, Peter 35* (B) (80)
KING, Robbert L. 29*, Frances E. 34, Luie B. 3 (m), Laura A. 9/12 (79)
KING, Samuel A. 52, Jane 50, John C. 18, Charley G. 13 (80)
KING, Samuel S. 28, Maggie B. 2, Lucy 73 (19)
KING, Usephus N. 40, Elizabeth B. 40, Moses J. 6 (80)
KING, William 88, Mary 70 (80)
KING, William B. 49, Charity A. 34, James E. 1/12 (79)
KING, William D. 33, Nancy J. 26 (80)
KINNIE?, W. R. 51, C. W. 27 (m), C. E. 16 (f), M. E. 14 (f) (25)
KINSEY, W. D. 28, Martha A. 21, Louisa V. 1 (42)
KIRBY, Andrew 44, Eady 33, James 11, Maron 8, William 4, Bellanord 2 (98)
KIRBY, Angelia 46, William H. 18, Jane 28, Sallie 70 (97)
KIRBY, Colman 48, Margret M. 44, Calvert M. 22, Willis M. 19, James R. 15, Mary E. 17,

1880 Census Macon County Tennessee

Sarah F. 13 (96)
KIRBY, Daniel 56 (B) (98)
KIRBY, Franklin 59, Julie 50, Robert Lee 13, Franklin P. 11, Elbrige L. 10, Tran 7, Luverna 25, Tabitha 23 (101)
KIRBY, Jas. D. 41* (85)
KIRBY, Jessie B. 39, Issabella 42, Mary E. 16, James D. 15, Thomas J. 12, Marlin L. 8, Elizabeth 70 (98)
KIRBY, Leonodas 45, Evaline s. 50, Laru L. E. 20 (f), Mary F. C. 17, Judy C. 14, John A. 10, Swepson P. 8, Mandy S. 5 (71)
KIRBY, Lucy 25* (100)
KIRBY, Mary 23*, Jennie 7, Jasper 4 (63)
KIRBY, Richard A. 46, Clarisy 52, Leonadas H. 26, Mary E. 19, Elvira 14, Peggie H. 17, Parkel W. 10, Sallie 70 (95)
KIRBY, Swepson M. 40, Mary S. 40, Nancy E. 18, James A. 16, Laura S. 14, William N. 9, Thomas M. 6, Camila 1 (71)
KIRBY, William M. 51, Delila Jane 36, Pattie 9, Clay 7, Benton 5 (93)
KNIGHT, Andrew 24, Sarah J. 20 (99)
KNIGHT, Avery 46, Catherine 47, Martha F. 19, Marion O. 18, Harvy H. 15, Jasper S. 13, Letha E. 12, Luvenia 11, William P. 9, Marlin B. 5 (86)
KNIGHT, Eason 23* (97)
KNIGHT, Henry H. 36, Elizaeth A. 43, Richard D. 8, Ettie M. 5, Joseph B. 2, Ellis L. 5/12 (59)
KNIGHT, Howard 19* (29)
KNIGHT, Isaac 21* (30)
KNIGHT, Isaac 22* (6)
KNIGHT, James 22*, Martha 21, Mary 3, Egar 1 (100)
KNIGHT, Jessamon 70*, Elisabeth M. 59 (73)
KNIGHT, Joel 23, Manerva S? 20 (98)
KNIGHT, John 61*, Mary E. 40, Ellis James 8, John H. 7 (86)
KNIGHT, John A. 43, Fannie H. 38, Sebastion C. 17, Isaac B. 15, Wert A. 12, John S. 10, Mary E. 8, James L. 6, Peter W. 10/12 (90)
KNIGHT, John R. R. 23*, David H. 22, Susan 22, Gilley A. 19, Docia M. 10/12 (73)
KNIGHT, Jos. N. 24, Rebeka 23 (98)
KNIGHT, Levi 24, Sallie 26, Larkin 3, K. M. 7/12 (f) (24)
KNIGHT, Mary H. 42* (73)
KNIGHT, Rody 66, Martha 43, James H. 23 (94)
KNIGHT, Vina 45* (88)
KNIGHT, Wm. J. 29, Mary F. 35, Sarrilda E. 6, Louisa S. 5, Cora S. 2, Margrett O. 7/12 (90)
KORLEY, Kirby 29, Mary A. 22, James O. 7, Emilla J. 6, Marie 3, Sarah 2 (39)
KRANTZ, Joseph 60, Telitha 56, Julia R. 19, Thos. J. 18 (7)
KRENTZ, Jones 25* (8)
KRENTZ, Pilot 26, Mattie H. 17, F. W. 11/12 (m) (9)
KRIGGERSON, L. D. 55 (m)*, Hester A. 51, Jas. L. D. 18, John T. 14 (27)
LACK, Benjamin 50, Zada 51 (15)
LADD, Nancy 44, Peter 21, Milly 18, Eliza 15, Wm. 12, Ella 24, Jeff 2, Pitts 3/12 (23)
LADD, Peter 76, Susan 60, Julia 40 (23)
LADD, Wm. 14* (26)
LALO, Hugh L. 44, Anna 43, William G. 17, Aletha W. 14, Erastas S. 12, Fanny E. 10,

1880 Census Macon County Tennessee

Authur L. 4 (69)
LAMB, Susan 55* (20)
LAND, Robert E. 54*, Julia A. 53, Lula 16, Lena R. 12, Iva M. 9 (54)
LARLEER?, Prudy 65* (22)
LASTER, Stanford 56, Racheal 50, Thomas 19, Robert 16, James 10 (92)
LAUDERDALE, C. R. 56 (m), Elizabeth 28, Sarah E. 11/12 (40)
LAUDERDALE, E. R. 35 (m), Mary A. 30, Harry A. 16, Joseph 9, Margaret 7, Pattie 5, Laura 3, Charlie 2 (27)
LAUDERDALE, H. 16 (m)* (28)
LAUDERDALE, H. C. 55 (m), Elizabeth 51, Robert 7 (45)
LAUDERDALE, Hardy 56 (B), Sarah 41, Emilla J. 13, Marshall 18, Thomas 9?, James 5 (40)
LAUDERDALE, J. 21 (m) (B) (40)
LAUDERDALE, J. 47 (m)*, Martha L. 45 (24)
LAUDERDALE, William 60, Minerva 50 (50)
LAW, Alfred 53, Mary J. 30, Mary A. 7/12 (78)
LAW, Art J. 76, Milly 56, \Nathan 23, Lusy 28, Byron? 8/12 (82)
LAW, James 44 (B), Ginnie 33, Wesley 16, Frank 15, James 14, John 12, Solomon 10, Cora 9, Dock 7, Carlena 4, Dora 1 (52)
LAW, John 38?, Sarah M. 29, Thomas 10, Samuel O. 8, Joseph G. 6, Carley N. 5, Harbert? 2, Leslie 2/12 (82)
LAW, John H. 31, Nancy C. 27, Carline 9, Lawson 7, Mary B. 5, Lewis 3 (35)
LAW, John L. 25, Sarilda P. 19, Atta C. 1 (81)
LAW, John P. 23, Minnie E. 19 (18)
LAW, Joseph 18* (30)
LAW, Joseph P. 27, Cintha B. 20, Marlin W. 2, Parlie A. 1 (81)
LAW, Lucinda 55*, Burrell A. 13 (33)
LAW, Margret 55* (78)
LAW, Sarah 65* (79)
LAW, Thos. W. 28, Mary 27, Nola 2 (35)
LAW, William 37, Martha 38, James W. 15, Milly F. 13, Lucinda 12, Cansadie 9, Zebidee 7, Catherine 5, Flora E. 2 (34)
LAW, William N. 25, Martha J. 22, Mary F. E. 1 (78)
LAW, Willson 51, Catherine 50, George N. 23, James A. 21, Sarah A. 19, William J. 16, Mary E. 12 (81)
LAWRENCE, J. 28 (f)* (27)
LAWSON, James M. 33, Mary S. 38, Maggie J. 4 (4)
LAYCOCKS, David R. 53, Argely 38, Jinny R. 7, Larcenie L. 25, Mandy B. 4/12 (78)
LEATH, Chas. 30, Margaret 25, William 8, L. 4 (m), Alfred 1 (25)
LEATH, James I. 27, Mary J. 21, Martha J. 4, Charles F. 2 (68)
LEATH, Mary 56, Mary S. 18 (6)
LEATH, Sampson 42, Mary T. 35, Matthias C. 19, Thomas W. 17, Mary J. 13, William H. 9, Florance 4, Ferrel L. 1 (48)
LEATH, Thomas H. 33, Eliza J. 27, Elizabeth F. 10, Mary J. 6, Lethie A. 5 (68)
LEATH, Thos. 41, Melvina 36, Mary C. 14, Carney C. 6 (21)
LEATH, Wilson 38, Lucy 25, Alice 2, Bettie 7/12, J. H? 38 (m), Mary 58 (21)
LEE, Cora 12* (27)
LEE, Isaac F. 35, Adaline 25, Grace E. 7, Liler E. 4, Relson C. 2 (11)

1880 Census Macon County Tennessee

LEE, John 18* (95)
LEE, John T. 40, Sarah J. 34, Frances S. 12, Green 11, Armela 6 (72)
LEE, Judy 65 (11)
LIGHT, Mary 21* (91)
LILLIARD, Rufus P. 29, Mandy 25, Necie 6, Franklin 3, John W. 6/12 (80)
LINVILLE, Aaron H. 25*, Wm. H. 5, Richard A. 3 (63)
LINVILLE, Iredd? 70 (m)*, June G. 56 (46)
LINVILLE, L. C. 26 (m), Catharine 23, Finando A. 7, Thomas L. 3, Mauddie J. 1 (58)
LIVINGSTON, Joe 35, Made M. 36 (f), Martha H. 11, Lucinda 9, James H. 8, Mary E. 7, Laura E. 6, Landon C. 3, Sarah U. 1 (87)
LIVINGSTON, Thimes? 27 (m), Amanda J. 34, Jessee R. 4, Maggie E. 1, Josephine 14 (46)
LOCK, James W. 63* (84)
LOVE, Henry 52*, Sarah S. 39, Coleman 14, Charles D. 9, Margaret 7, B. P. 6 (m), H. S. 2 (m), Thomas 7/12 (22)
LOVE, John J. 38, Mary E. 37, Adraanna 10, Henry D. 8, Cornelia 3, John W. 11/12 (51)
LOVE, John T. 22* (49)
LOVE, Richard A. 34, Deuteronimus 8, Richard E. 1/12 (50)
LOVELAD, Wm. C. 17, Margaret M. 30, Lethie E. T. 1, Mary A. 4/12 (68)
LOVELADY, A. C. 19 (m), Martha J. 19, William B. 11/12 (95)
LOVELADY, H. M. 51 (m), Mary A. 52, Nancy A. 23, Sloan E. F. 11 (95)
LOVELADY, Joe 27*, Sarah E. 31 (54)
LOVELADY, harvey 24* (54)
LOWE, Daniel 66, Elizabeth 60, F. M. 25 (m), Elizabeth 20 (50)
LOWRY, Murdoc 52* (4)
LYLES, John 33, Louisa 37, Wesley A. 12, Lillian 9 (35)
LYLES, M. A. 39 (m), Rachel M. 37, Richard 14, Joseph 10, Fannie 8, Mattie E. 3 (36)
LYLES, Thos. W. 31*, Margaret 27, Edna D. 6, Arrilla J. 7/12 (36)
LYLES, Wyett E. 44, Margaret A. 38, John E. 23, Thos. J. 21, Wm. H. 18, Rachel F. 16, Camelia B. 14, Frantie G. 10 (m), Drusy B. 8 (f), Mary J. 4, Etta A. 2 (15)
LYNVILLE, Polly 68?* (11)
MACE, Wm. 59* (B) (22)
MADDEN, Dick 40 (B), Martha 30, Linda 19, William 10, Jane 8, harvey 6, Jacob 4 (24)
MADDEN, Thomas 36, Mary A. 32, Henry R. 11, John F. 9, Albert G. 6, George B. 4, Martha E. 1 (57)
MADDIN, Richard 39 (B), Martha 30, Melinda 14, Willie 12, Susan A. 8, Jane 6, Jacob 3, Rachel 1 (51)
MADDING, P. 20 (f)* (B) (4)
MAJORS, Elias 52* (84)
MALEY, Jinkias 17 (f)* (97)
MANLEY, James 15* (8)
MANLEY, John 21* (7)
MANSFIELD, Amanda 26* (56)
MARSH, Isaac 44*, Beadie 38, Emeline 13, James M. 12, Wm. W. 10, Joel G? 7, Mary 4, Samuel 4/12 (29)
MARSH, James W. 28, Hannah 23, Edna W. 2, William S. 20 (79)
MARSH, John 40, Nancy 38, Henry 14, Bally 12 (m), James B. 11, Armeda V. 9, Mary E. 7, Sarah C. 5, Sammy 1 (76)
MARSH, Martha J. 44, James W. 21, Mark H. 18 (76)

MARSH, Mary 75*, Martha 44 (72)
MARSH, William J. 19*, Martha F. 16 (76)
MARSHALL, Andy 19* (B), John 18, Archy 16, Nannie 12, Mittie 10, Hellen 4, Mary J. 4 (44)
MARSHALL, Anthony 40* (B), Caroline 5, Josephus 16, John 14, Sarah J. 12, Archie 10, Nancy 9, Emily 4, Molly 2, Laura 7/12 (48)
MARSHALL, Claborn 53, Gaberella 56, John W. 18, Elisha 17 (49)
MARSHALL, Hannah 80* (B) (48)
MARSHALL, J. T. 36*, Permelia? R. 37, Mollie F. 12 (41)
MARSHALL, James M. 41, Sarah E. 42, Mary A. 18, John C. 16, Laura E. 14, Joyce H. 12, Agnis C. 10, James W. 8, Sarah F. 6, Dorinda M. 3 (3)
MARSHALL, Jo R. 22* (51)
MARSHALL, John 40* (B), Elizabeth 52 (39)
MARSHALL, John C. 71, Sarah F. 29, Ameride D. 26, Martha H. 23 (2)
MARSHALL, K. 35 (m), Elisabeth 28, William 14, Charlie 9, Walter V. 2, Arthur 2 (28)
MARSHALL, W. F. 51*, Amy B. 40, James 25 (39)
MARSHALL, Wm. 19* (26)
MARTIN, Eliza 28?* (82)
MARTIN, John C. 28, Sarah A. 33, William A. 8/12 (87)
MARTIN, Wiley 29, Martha 29, William T. 9, James D. 7, Jessey A. 5, John L. 3, Mansfield 2, Babe 1/4 (m) (85)
MASON, Matilda E. 14* (60)
MASON, Robert 27, Elisabeth 33, Madena 6, Matilda A. 4, Marinda P. 2, Ollo Bell 1/12 (13)
MASSEY, Andrwe J. 57, Louisa 57, James S. 24, John G. 13 (65)
MASSEY, Captain B. 12* (83)
MASSEY, Mary A. (Mrs) 55, Haley H. 18, Hugh T. M. 14 (2)
MASSEY, Milly 45, Eve R. 11 (78)
MAXEY, Joe 49, Luvisa H. 45, Edward C. 23, Nathaniel J. 20, Louisanna L. 14, George W. 12, Mary A. 9, John H. 4 (87)
MAXEY, Susan 60, Louvisa H. 20 (67)
MAXEY, Wm. C. 28, America E. 22, Wm. A. 4, Martha S. 2, Mildred A.D. 1/12 (67)
MAY, Mary 35* (14)
MAYHEW, M. A. 45 (m)*, Sarah E. 38, Lew Ella 13, Thomas 7 (28)
MAYS, Wm. 38, Mary 37 (63)
MCADOO, Z. D. 30 (m), Elizabeth 24, Thomas 6 (84)
MCCAULY, W. D. 63*, Lucy H. 53 (84)
MCCLARD, Delila S. 49, Vienna J. 24, Wm. L. 22, Noah J. 18, Belle 14, John H. 10, G. P. 1 (m) (56)
MCCLARD, Henry 22* (56)
MCCLARD, John 36, Mahaley N. 27, James F. 7, Noel 6, Richard J. 4, George p. 3, John 1/12 (66)
MCCLARD, Stephen S? 22, Martha E. 19 (57)
MCCLARDY, James 21, Polley 25, Marshall 5, Annie 3, Bettie 9/12 (66)
MCCLELLAND, W. W: 30 (m), Sinda L. 18 (93)
MCCOY, John S. 40, Matilda E. 42, Turner 18, Hamilton 13, Susan 12, Samuel 9, James 6, Cardela 6, Merlin 3 (56)
MCDONALD, E. G. 45 (m), Sarah C. 43, G. W. 20 (m), William D. 14, Sarah D. 11, Ethley 3 (1)

1880 Census Macon County Tennessee

MCDONALD, Elias 51, Elizabeth J. 34, Ella A. 5, Nancy M. 2, Bell S. 7, James A. F. 4, Edward 23 (70)
MCDONALD, I? P. 22 (m), Darthula C. 19, Mark? M. 1 (1)
MCDONALD, J. W. 41 (m), Albert B. 12, A. L. 10 (m), Minnie S. 6, Willard S. 3, Matilda B. 1, Nancy S. 79 (4)
MCDONALD, J? T. G. 26 (m), Misouri? J. 24, Edger M. 5 (2)
MCDONALD, John F. 27, Berzera? 6, James F. 4, Georjette 3 (2)
MCDONALD, John R. 47, Mary J. 44, Arziller J. 20 (2)
MCDONALD, Samuel T. 31, Bettie B. 22, Masten 3, Phebe 2 (70)
MCDONALD, Thos. 35, Margaret 36, Larcena 13, W. H. 12 (m), Geo. M. 9, Magnolia 7, P. C. 1 (m) (9)
MCDONALD, William 26, Margaret E. 25, Calsa? J. 6, Ida M. 4 (70)
MCDONALD, William 58, --- 53 (f), --- 21 (m), --- 20 (m), F. H? 17 (f), William W. 14, M. C. 11 (f), F.? R. 8 (f) (1)
MCDONALD, Wyatt? F. 39, Isobel A. 35, James B. 16, Cyrus Z. 15, Nancy S. 14, William C. 12 (19)
MCGAR, Thomas 43*, America 52, William 20, James H. 9 (84)
MCGINNIS?, Jerome 40*, Lucinda E. 39 (91)
MCKINNEY, G. W. 39 (m), Martha 39, L. 13 (m), D. 12 (m), G. D. 10 (f), E. A. 10 (f), Hampton 8, Dibbrell 5, Buford 3, A. L. 4/12 (f) (26)
MCKINNIS, A. B. 48 (m)*, Mary M. 46 (98)
MCKINNIS, George 36*, Manda J. 37 (95)
MCKINNIS, J. A. 48 (m), Drusilla P. 46, Martha E. 18, Henry G. 14, Amanda 13, George E. 11, Henderson P. 9 (96)
MCKNIGHT, Anna G. 25* (3)
MCMEARA?, James 43, Sarah E. 23, Willie 9, L. 5 (f), Master 9/12 (f) (32)
MCMILLIN, John 23, Mary G. 23 (94)
MCMURRY, Didamey 14* (B) (57)
MCMURRY, Wm. 22 (B), Sarah 21 (56)
MCWHIRTER, T. S. 35 (m), Lucinda 33, Hardie 13, Corly W. 8, Mary 60, Coleman 32 (32)
MEADER, Louis W. 27, Malvina E. 26, Velma C. 8, Noah F. 6, Edna F. 4, Mary L. 2, no name 4/12 (f) (19)
MEADER, Samuel D. 25, Sarah L. 26, William B. 3?, Cager M. 2 (19)
MEADER, Smith 69*, Martha 63, Lucy A. 37 (12)
MEADERS, Edward B. 27, Cornelia 17, Luther M. 3 (18)
MEADOR, Alfred 50, Elizabeth 42, Heywood 19? (29)
MEADOR, Ambrose 30, Susan F. 24, Bailey P. 8, Erlando 7, G. W. D? 4, Flossie C. 2 (27)
MEADOR, Anderson 69, Milly 67, W. D. 25 (m), Eliza 21, Isaac 2, Mahala 6/12 (29)
MEADOR, Andrew C. 26, Lethie J. 23, Berthie 2/12 (59)
MEADOR, Charles 28, Mary A. 23, Enoch C. 6, Armeda V. 4, Albert R. 2 (82)
MEADOR, Elisabeth J. 34, Thos. A. 17, Mary S. 15, Semantha A. 13, Nancy E. 11, Geo. E. 10, Dolly P. 8, Robt? S. 5, Laura F. 3, Arnetta D. 1 (18)
MEADOR, G. W. 35 (m), Nancy H. 30, Tandy T. 11 (29)
MEADOR, Geo. 22, Kate 21, Nora E. 1 (30)
MEADOR, Henry 48*, Sally 40 (20)
MEADOR, Henry T. 30* (54)
MEADOR, I. J. 42 (m), Nancy 38, Lucinda 18, Mary E. 15, John W. 13, Cinthy A. 9, Margie A. 6, James I. 2 (35)

1880 Census Macon County Tennessee

MEADOR, Ira D. 35*, Martha 25, Edgar L. 6, Emma 5, Florence 3, Walter H. 1, no name 1?/30 (f) (59)
MEADOR, Ira W. 45*, Mary E. 42, John A. 18, Jeptha I. 15, Lenora H. 9, Pleasant I. 5, Albert R. 2 (72)
MEADOR, J. 34 (m), Agnes 28, Laura 12, Robert W. 9, Prudy A. 8, Wm. K. 6, Taylor G. 5, Fannie 3, John W. 1/12 (27)
MEADOR, J. W. 31 (m), Amanda 27, Ensly M. 6, Wm. B. 3, No name 3/12 (m) (27)
MEADOR, James A. 31*, Margie 30, Manda S. 10, Malissa 8, Elzira H. 6, Mary A. 4, Canelia A. 1 (79)
MEADOR, Jas. W. 40*, Sue 34, Sarah E. 12, Wm. A. 8, Carrie H. 1 (56)
MEADOR, Jesse 68, Louisa 40, Martha E. 14, Peter J. 11, Samantha 6 (25)
MEADOR, Joel F. 19* (3)
MEADOR, John W. 25, Sarah J. 28, Sarah E. 2, Thomas 10/12 (17)
MEADOR, John W. 33*, Mary F. 35, Nancy J. 4, Rosetta 1 (33)
MEADOR, L. J. 18 (f)* (10)
MEADOR, Lewis 56, Sarah 52 (33)
MEADOR, Martha J. 53, Saroptha M. 19, Thos. W. 16, Martha L. 11, Locky Key 9 (17)
MEADOR, Martin 45, Bethann E? 45, Francis? M. 19, Viola N. 9, Sarah M. 7, Maranda A. 4, Lucy A. W. 9/12, Martha 84 (16)
MEADOR, Mary H? 21* (53)
MEADOR, Peter 23, Lucy 20, Mary H. 1/12 (37)
MEADOR, Pleasant G. 74, Ann 69 (71)
MEADOR, Silus B. 34, Mary E. 32, Zoe B. 13, William S. 10, Clerinda E. 5, Ader B. 3, Sarah A. 9/12 (71)
MEADOR, Susan 59* (80)
MEADOR, Thomas 61, Elisabeth 58 (70)
MEADOR, Tim 43, Lucinda 37, T. F. 17 (m), Merlin G. 14, Dora Alice 12, Minnie A. 6 (25)
MEADOR, Tyra 56 (m)*, Louisa? 36, Abigail 15, Spicy A. 12, Daisy S. 8 (27)
MEADOR, Wash. 31, Serelda 35, Carline 9, Elbridge 8, Jean 5, Arizona 3, Nevada 5/12 (27)
MEADOR, Wesly B. 59, Clemency 56, Elsa M. 20, Isaac P. 24, Loremi I. 17, Sarah W. 18, Laura B. 10, thomas I. 9, Mollie P. 7 (70)
MEADOR, William A. 24, Martha E. 25, Cyntha F. 3, Clarence W. 1 (18)
MEADOR, William E. 30, Isinda? C. 23 (76)
MEADOR, William F. 31* (70)
MEADOR, William S. 46, Mary R. 40, James F. 15, Lucy J. 13, Sarah E. 10, William J. 8, John L. 7, Nida A. 3, Puss N. 1 (16)
MEADOR, Wilson 54, Tempa M. 40, Bishop M. 9, Mary J. B. 3 (17)
MEADOR, Z. W. 31, Nancy E.? 37, John W. 13, Timothy 9, Dora M. 7, Mollie M. 3, no name 3/12 (m) (29)
MEADOW, Cyrus 45, Sarah J. 38, Minerva A. 18, Anderson 9, Mary L. 6, Martha 6, Lambert 4 (23)
MEADOW, Ellen 14* (23)
MEADOW, Sarah 78* (87)
MEEDER, M. S. 2? (m)* (B) (8)
MEEDER7, Willis? W. 53, Lovina 55 (19)
MERIT, James 21*, Mary D. 23 (13)
MERRETT, James 21* (42)
MERRETT, John A. J. 24, Elizabeth 23, Robt. L. 3 (60)

1880 Census Macon County Tennessee

MERRYMAN, R. B. 32*, Fannie 30, Luella 10, Wm. T. 9?, David L. 6 (56)
MERRYMAN, Thos. J. 28, Mary M. 27, Wm. B. 9, Jacob B. 7, Alice J. 4, Edgar M. 1 (54)
MICHEL, John 25* (B), Tabitha 23, John 3, Sally A. 1 (39)
MICHELL, Tandy 20* (B) (52)
MILLER, Chris. 56, Amanda 45, Mary E. 23, Burrilla 21, Eliza A. 18, Johnnie 17, Thomas 14, Theoph 12, Martha 8, Fannie 7, Jimmie 2 (37)
MILLER, Jacob 21* (63)
MILLS, Colesena 20* (2)
MILLS, James T. 49, Mary V. 48, Carmila I. 15, Laura 9, Henry M. 5 (61)
MILLS, Lewis G. 65*, Isabella 54, Gabriella 24, George Ann 16 (32)
MILLSTEAD, Jane 25*, Nancy T. (65)
MINICK, Frank M. 28*, Delila 25, Jerrel W. 8, James T. 5, John A. 2 (11)
MINICK, Franklin 30*, Isobel 27, Albert 6, Alvin E. 3, James L. 1 (43)
MINICK, Luallen 64, Eura A. 46, Mariah S. 18, Cornelia A. 12 (16)
MINIX, George A. 22 (f)* (B) (71)
MINIX, Mary F. 45 (82)
MINNIC, Mary 24*, Lewis F. 24, George R. 1 (24)
MITCHEL, E. 34 (f)* (92)
MITCHELL, John 38, Casandra P. 34, William D. 15, Ida M. I. 13, Alonzo 10, Cora B. 5, Allie A. 1/12, Catherine 58 (100)
MITCHELL, Tandy 19* (B) (28)
MITCHELL, Wm. L. 14* (29)
MONDAY, B. P. 39 (m)*, Susan M. 38, Maggie E. 16, Alta Lee 7 (97)
MONDAY, Thomas 36, Mary 24 (97)
MOONINGHAM, W. B. 35 (m), Mary B. 33, John W. 9, Geo. W. 7, Louisa J. 5, Sarah W. 59 (13)
MORAN, W. B. 72 (m), Elithebeth 69, William B. J. 16 (101)
MORGAN, Callahill M. 35, Amanda A. 28, Hattie G. 11, Matilda J. 9, Dollie M. 7, Mattie B. 6, Mary E. 5, Richard R. 3, Lenora F. 1, no name 2/12 (f) (59)
MORGAN, George W. 28, Manda 21, Necie M. 4/12, Malinda J. 52, Marilda M. 18, Canelie S. 10 (81)
MORGAN, Henry 78*, Henry F. 24, Nancy S. 30, Darthula 5, John 3 (59)
MORGAN, Malon 40?*, Mary 35 (42)
MORGAN, Pleasant H. 18, Sarah J. 18, Henry T. 5/12 (59)
MORGAN, Rebecca 35* (19)
MORMAM, Joseph 49*, Nancy 43, John M. 23, Martha B. 3 (98)
MORMON, Jas. R. 32, Rachel 42, Rachel V. 9, Robert R. 8, Leatha J. 2 (101)
MORRIS, Elizabeth 77* (15)
MORRIS, James 63*, Daniel E. 37 (97)
MORRIS, W. C. 48 (m), Mary E. 49, F. L. 20 (m), J. C. B. 14 (m), J. J. 10 (m), S. M. 6 (f) (25)
MORRIS, Wm. F. 31, Martha 31, Calvin M. 10, Tabitha 6 (31)
MORRIS?, John 33, Martha 33, Louisa 12, Stephen 8, M. 5 (m), Birdie 3, Alice 6/12 (31)
MORRISON, J. F. 44 (m), Lucy 34, Laura 13 (28)
MORRISON, W. B. 61 (m)*, Martha 66 (92)
MORRISSON, S. S. 76 (m)*, Mary 77, Samuel 38, Nancy J. 23, G. A. 33 ;(m) (21)
MORROW, A. H. 50 (m), Sarah A. 48, W. T. 21 (m), Sarah C. 17, James S. 14, A. J. 13 (m), E. N. 8 (f) (8)

MOSS, Henry 35, Harriett 35, John 8, W. 6 (m), Sadie 4 (37)
MOSS, Jesse 55, Mildred A. 48, Benj. S. 20, James J. 16, Amanda J. 14, Laura L. 11, Westley H. 7 (20)
MOSS, Thos. N. 28*, Juda F. 31 (f), James Y. 7, John M. 4, Palmetta 2, Thos. G. 4/12 (18)
MUNGLE, Eph 50 (B), Darthula 22, Jo 7 (m) (46)
MUNGLE, John 13* (B) (41)
MUNGLE, Lucy 40, John 22, Allen 19, Rena S. 17, Isaac 15, David 13 (40)
MURPHY, William 23*, Nancy J. 28 (87)
MURPHY, Wilson 59, Telitha 51, Nancy A. 16, Alford H. 13, Andy J. 10 (87)
NEWBERRY, William 54, Pheriba 52, Mary E. 30, Louis T. 20, William S. 16, Isaac F. 14, Thuriba C. 11, Sarah M. 10 (95)
NEWEL, Dero 34 (51)
NICKOLS, Alvira A. 52*, Wm. R. 23 (63)
NICKOLS, Drury A. 22, Eliza 17 (63)
NICKOLS, James J. 21* (65)
NICKOLS, John A. 51, Mary E. 50, John F. 26, Thomas H. 23, Savid A. 18, Alexander J. 16, Mary E. 22 (65)
NICKOLS, Wm. R. 28, Louisa F. 29 (65)
NICY, Key 85, Dina? 44, Joseph 18, John 13, Mary 8, Martha 3 (89)
NIGHT, Nevelson 20* (46)
NORMAN, Daniel 30, Sarah A. 22 (6)
NORMAN, Frances 54?, Emaline 18 (38)
NORMAN, Frank 21, Dirotha 19, Martah 56, Fountain 18 (43)
NORMAN, John 22* (45)
NORMAN, Mordicai 46*, Nancy 42, Geo. W. 23, Sarah E. 23, Martha 21, John R. 11, Olly P. 2? (f) (11)
NORMAN, Willis 31, Frances M. 32, Frances E. 7, Clarissa J. 5, Julia E. 2 (42)
NUNLEY, Geo. W. 23, Sydney E. 23 (f), Ida L. 3, Edgar N. 2 (15)
NUNLEY, Nancy 57*, Nancy E. 20, Wilson G. 18, Helen? A. 14, Joseph F. 16 (27)
OAKLEY, James M. 28, Alice C. 27, Willie May 2, Dunbar 10/12 (99)
OBANNON, James W. 34, Louisia C. 35 (77)
OBANNON, John 33, Frances 28, William F. 10, Burford H. 7 (78)
OGDEN, Jack 37, Nancy 28 (90)
OGLESBY, A? C. 56 (m)*, Zerelda 55, Ca— 20 (f), Anna L. 18, William T. 15, Hettie W. 11 (40)
OGLESBY, Arch 30 (B), Sally 28, Nancy E. 7, Baily L. 6, Hager 58, Reed H. 16 (44)
OGLESBY, C. A. 65*, Elizabeth 55, Caroline 22, Frances 19, Mollie C. 17, James 16 (41)
OGLESBY, Elisha? 32*, Josile? 25, Buford R. 2, Thomas M. 1, no name 1/12 (f) (40)
OGLESBY, Esseah 55* (B) (42)
OGLESBY, George 63 (B), Harriet 56, Letha 23, John F. 10, Marshall 5 (43)
OGLESBY, Hattis 23 (m) (B), Martha 16, Smith 6 (43)
OGLESBY, Henry 19* (B) (58)
OGLESBY, Henry 70*, John N? —, Mary? —, — 1 (f) (41)
OGLESBY, J. M. 33 (m)*, Willie A. 8, John W. 6 (42)
OGLESBY, Josh 75 (B), Agness 60, Alice 7 (43)
OGLESBY, William 21 (B), Adaline 20, Etta 2, Abby 60, Letha 19, Dosha 4, Hannah 1 (42)
OGLESBY, William 70* (B), Susan 54, Elisha 18 (51)
OGLESBY, Wm. 75 (B), Susan 60, Elisha 19 (24)

1880 Census Macon County Tennessee

OLIVER, Perry W. 30, Eliza H. 29, James S. 6, Louisa S. 5, John H. 3 (62)
OLIVER, Wm. A. 32, Lucy E. 20, Eddy E. 2, Walter M. 3/12 (67)
OVERTON, O. 41 (m), Ruth 31, Sallie A. 13, George 7, Robert 5 (91)
OWEN, A. J. 30 (m), L. H. 27 (f), R. E. 9 (m), M. D. 8 (f), E. J. 7 (f), A. C. 2 (f) (9)
OWEN, James F. 52, Mary E. 42, William C. 19, Kate 17, Tennessee 15, Lucy 12, Harris 7, George 6, Vergie 2 (f) (20)
OWENS, T. G. 28 (m), Malisa F. 23, Elmore N. 4, Nathaniel B. 2 (88)
OWENS, ___ 37 (m), Lucinda 35, John A. 17, Eliza F. 15, Izella J. 11, William T. 9, Alex R. 6, Susan V. 2 (89)
OWINS?, Thomas 35, Prudelia 21, John F. 10, Ireme C. 9 (m), Lucy F. 7, William J. 5, Amanda J. 4, Alex C. 2 (89)
PADGET, Tona 18 (m)* (B) (4)
PADGET?, Jerry 23* (B), Nancy J. 21 (4)
PADJET, Peter 17* (B) (4)
PALLAS, George 24, Nancy 24, Electruss 5 (m) (93)
PARISH, William C. 53?, Mary J. 50, Washington 27, Martha E. 24, Eva F. 20, Alfred C. 17, Charles E. 14, Geo. W. 12, Mary J. 9 (13)
PARISH?, Sallie 69* (31)
PARKER, Andrew W. 35*, Cirena J. 29, Walter C. 3/12 (15)
PARKER, Cyrus M. 58 (B), Sarah A. 40, Nathan G. 20, Adline 12, Russia 11, John 10, Richard 9, Tedie 4, Sallie 3 (64)
PARKER, E. A. 27 (f)*, E. E. 10 (f), M. L. 5 (m), Alla May 1 (7)
PARKER, Eliza 80* (58)
PARKER, Elizabeth 104* (100)
PARKER, Fannie 30* (B) (54)
PARKER, J. H. 28 (m)* (28)
PARKER, J. M. 46 (m)*, Elisabeth A. 38, Mary A. 18, Martha S. 14, Sarah E. 12, Matilda E. 12, James A. 10, C. F. 8 (f), M. A. 6 (f), M. J. 6 (f), R. C. 3 (f), Annetta A. 4/12 (5)
PARKER, James A. 49*, Sarah F. 37?, Samuel A. 16, Smith S. 14, Martha J. 9, Levy W. 6, Cassaday F. 3, Silas C. 1 (92)
PARKER, Jena F. 16* (12)
PARKER, Jesse 65, Celina 53, Thomas 29, Miles 25, Jacob 20, Jefferson B. 18, Jesse 16, Celine 14, Nepolian 12, Samuel 9 (56)
PARKER, John A. 34, Marga A. 29, Wm. W. 11, Chora P. 1 (58)
PARKER, Louisa B. 40*, James F. 14, Thomas A. 10, Lucy C. 7 (64)
PARKER, Martha 27* (38)
PARKER, Martha E. 21* (72)
PARKER, Mary K. 15* (11)
PARKER, Samuel A. 18* (58)
PARKER, Samuel W. 3* (17)
PARKER, Tillman 66* (B), Permelia 55, Fanny 50 (39)
PARKER, W. L. 51 (m), Amanda 40, Mary E. 13, M. C. 7 (m) (9)
PARKER, William F. 39, Nancy M. 39, Thos. W. 13, William S. 12, Mary A. 11, James F. 8, John H. 6, Edgar L. 1/12 (16)
PARKER, Wm. 50, James 28, Martha E. 20, Willie 14, Nannie 12 (60)
PARKER, Wm. W. 44, Mary J. 34, John A. 18, Louella 14, Martha S. 12, Willie O. 9, Henry H. 5, James K. 1, John 17 (54)
PARKHURST, Daniel 21* (59)

1880 Census Macon County Tennessee

PARKHURST, Sallie 13*, Andrwe J. 27 (63)
PARKHURST, Windfield C. 27, Judith A. 23, David E. 1 (65)
PARKS, Bennett 23, Nancy J. 18, Noah A. 1 (92)
PARKS, Nancy F. 31*, Emery 1 (51)
PARKUS, Andrew J. 24, Malisa A. 20, James B. 4, William L. 1 (89)
PARRISH, James M. 28, nancy M. 31, Bettie 9, Bell 3 (45)
PATERSON, Fount 24* (65)
PATERSON, George W. 20, Martha A. 19, James F. 8/12 (65)
PATERSON, Nancy A. 81*, Martha A. 39, James T. 42 (65)
PATON, Mingo 54* (B) (84)
PATTERSON, David 35, Margarett 26, Thomas F. 11, Robert W. 6, Luella 1 (100)
PATTERSON, Dothuly 27* (72)
PATTERSON, Mary A. 38, Berryhill 17, Thomas 13 (64)
PATTERSON, S. J. 37 (m), Dicy A. 36, Manda E. 13, James H. 10, Louisa A. 8, Thomas M. 5, Alexander 2 (98)
PAYNE, Henry 24 (B), Mandy 26, Willie 5, Merida 2 (71)
PAYNE, Isaac G. 38, Mary J. 42, Johnie E. 13, Cora P. 10, Charley G. 6 (64)
PAYNE, John W. 38, Arrena E. 32, Sherman H. 12, Sile A. 8, Susan J. 6, Merrit J. 5, Delila E. 3, Roburty 3/12 (73)
PAYNE, Josiah A. 31, Mary A. 26, Lurana F. 7, james A. 5, Semanth E. 3, Robbert M. 1 (74)
PAYNE, Olivus P. 22, Moniza E. 33 (73)
PEDEGO, Alex 27, Sarah E. 29, Lanza E. 8 (88)
PEDIGO, Calvin 45, Nancy 41, Sarah A. 16, Louisa J. 14, Wright L. 13, America S. 12, James D. 10, Mandy R. 7, Nancy E. 2 (88)
PEDIGO, James K. 35, Sarah J. 41, Nancy A. 2 (10)
PENDEGRASS, H. 37 (m), Mandy C. 29 (86)
PENINGTON, A. F. 27, Mary 24 (92)
PENINGTON, John S. 66* (92)
PERDEW, James 48, Susanah 46, Lidia J. 21, Merlin W. 11 (18)
PERDEW, Jesse 59, Julina 56 (18)
PERDUE, R. H. 40 (m), Amanda 37, Montgomery 16, Mary E. 15, Victoria 13, Wm. S. 11, Jasper 9, Jesse D. 6, Noah F. 4, Hattie S. 2, no name 8/12 (m), Jesse 86 (34)
PERIGO, Sarah E. 18*, Andrew W. 17, Larrinda C. 16 (78)
PERKINS, Thomas 33* (40)
PERRY, John 40, Mary 25, Ella 13, Samuel 10 (31)
PERRY, Wilson 36*, Hannah 36, Nancy 18, Willie M. 16 (f), Annie M. 18, Callie 11, Erasmus 8, Fannie 5, Owen 2, Hattie 6/12 (31)
PERTLE, E. 45 (m), Martha 46, William H. 18, Prissilla 13, John 11, Amanda 10, Martha M. 7 (5)
PERTLE?, Wm. H? 20*, Sarah 18 (22)
PHILIPS, Thomas 11*, McHenry 8, Mary S. 6, Emily E. 5, Florence E. 3 (87)
PIKE, Benj. 55, Julia A. 35, Willie C. 14, parthenia 7, Henry A. 5, Job R. 1 (23)
PIPKIN, Anderson 23*, Mary F. 20 (72)
PIPKIN, Ira M. 46*, Mary M. 50, Artemishie F. 19 (74)
PIPKIN, Isac A. 25, Molinda? 22, Ader O. 4, Samuel E. 1 (72)
PIPKIN, J. W. 37, Martha A. 35, M. F. 28 (m) (8)
PIPKIN, L. F. 33 (m), Mary A. 33, Sallie 7/12, Isaac 77 (8)
PIPKIN, M. H. 34 (m), Florinthie? 19, S. S. 5/12 (m) (7)

- 42 -

1880 Census Macon County Tennessee

PIPKIN, Smith 20* (B) (5)
PIPKIN, Stephen T. 30, Priscilla L. 22, Walter S. 2 (70)
PIPKIN, William C. 45, Susannah 50, Martha L. 20, Daniel S. 17, Jesse H. 14, Mary A. F. 11 (72)
PIPKIN, William W. 31*, Susan B. 22, Alla R. 5, Eva R. 4, Samuel 2, Hattie 2/12, David 22 (B), Russul 17 (B) (82)
PLEDGER, S. H. 31 (m), Mildred 23, Eda 13, Anna 8/12 (3)
POLSTON, William 22, Eliza H. 21, Thomas 2, Elijah 70, James 25 (39)
POLSTOR?, Polly 55* (B) (45)
PORKIER, Eliza 55* (97)
POWELL, Aandrew 41, Lucinda 35, Jessee A. 12, William H. 11, Letha A. 9, Hattie E. 5, Newton W. 2 (69)
PREWET, Letha 19* (38)
PRICE, Elijah G. 68, Eliza J. 48, William H. 26, Nancy E. 20, John C. 17, Charles W. 9, Martha Y. 7, Robert E. L. 5 (20)
PRICE, George 17* (92)
PRICE, William J. 48, Margrett J. 36, John L. 18, James B. 15, Issabella 13, Mary F. 9, Joseph H. 6, Charles L. 4, Felix L. 8/12 (99)
PRIOR, John 44, Mahaly 31, Amos C. 13, Nancy A. 9, Margarett E. 6, William Y. 4, Mary A. 1 (100)
PROAPS, Martha 50, Sarah E. 21, Fanny E. 19, Geo. W. 4, Cornelia B. 5/12 (19)
PROCK, Daniel H. 38, John D. 13, Flora A. 10, Meranda E. 6, Margaret S. 4, Mary S. 1 (49)
PROCK, David 65*, Flora 60 (49)
PURSLEY, K. J. L. 42 (m)*, Virginia L. 42, Susan T. 22, Robbert J. T. 15, Maggie 9, David L. 4 (40)
PURSLEY, Wesley 33* (42)
PURSLY, Alfred? 21?* (B), Eliza 18?, ---- 13 (m), Martha 10 (40)
PURSLY, Mary 70? (40)
PURTLE, Peter 48 (B), Mary A. 32, Alfred 19, Virginia E. 12, Wm. P. 10, John F. 6, katie 5, Willis M. 3, Laura B. 11/12 (61)
RAGLAND, John B. 21* (64)
RAGLAND, John Q. 31, Permilea E. 24, William L. 2, Miles J. 1 (1)
RAGLAND, Jubel C. 56, Elisabeth F. 51, James D. 20, Charles W. 18, Jefferson D. 15, Elisebeth 12, Eliza Jane 10 (12)
RAGLAND, Reuben L. 43, Sarah J. 36, Susan M. 18, George W. 15, Henry C. 11, Allie S. 2 (62)
RAGLAND, Reubin C. 54, Sarah F. 49, Nancy E. 15, Charley C. 7 (61)
RAGLAND, Samuel 20* (59)
RAGLAND, Wilson M. 53, Delitha 52, John N. 21, H. F. 19 (m), James A. 15, Lucy B. 14 (64)
RAGLAND, Wm. H. 24*, Belle 16, Lora 3/30 (61)
RAGLAND, Wm. M. 26, Nancy E. 23, Sally J. 3, Walter G. 6/12 (60)
RAMSEY, M. B. 29 (m)*, Nancy J. 31, William H. 9, John S. 7, Monroe 5 (85)
RANKIN, Mat 24 (B), Elizabeth 19, Laura M. 3, Robert L. 1 (40)
RANKIN, S. E. 10 (f)* (B), W. B. 9 (m) (39)
RANSFORD, William 23, Emilla A. 21 (47)
RAY, Joseph 28 (B), Catharine 25, Louvena J. 6, Elizabeth F. 5, Ellen 3 (38)
READ, Bennett R. 39, Louisa E. 33, Ora E. N. 11, Mary E. 7, Wilson C. 3 (14)

1880 Census Macon County Tennessee

READ, Joseph 59, Mary J. 47, Andrew W. 23, Walker G. 20, Davis T. 19, Mitchel A. 16, Matilda J. 13, Haywood N. 12, James H. 6 (17)
READ, Samuel? 57*, Elisabeth A. 47, Clay H. 5, Bettie A. 3, Lorretta Key 1, Sarah E. 26 (16)
READ, William A. 28, Elcaster 27 (f), Martha C. 9, Pennie? R. 1 (17)
REAGAN, Silas S. 43, Adlad? 40 (f), William W. 18, Leanner J. 15, America A. 13, James T. 10, Silas P. 8, Enach G. 5, Margeret C. 1 (74)
REAGAN, William W. 18*, James A. 15 (72)
REECE, C. 42 (m), Martha E. 39, John F. 19, James F. 15, William L. 12, Mary F. 10, Julia C. 8, Andrew N. 4 (91)
REEVES, Robert H. 17* (62)
REEVES, Whitfield 43, Mildridge H. 43, Frank P. 18, Malone J. 15 (f), Mary M. 12, Nancy B. 10, Mildridge W. 5, Lucy L. 1 (88)
REID, Davis 19* (44)
REID, F. R. 44, Sarah J. 31, Cora 17, Carlton E. 11, George 9, Nora N. 6, Clara D. 4 (41)
REID, James J. 23, Mary 21, Robert W. 3, Samantha 1 (44)
REID, John 72, Rachel 68, Hezekiah C. 33 (44)
REID, John S. 25, Amanda J. 22, Melina 56 (44)
REID, Malvina 25* (43)
REID, Reuben 33, Martha S. 26, Willie 8, John F. 5, Walter 2, Emma O. 5/12 (44)
REID, Robbert 32, Mary P. 42, Lewis B. 6 (38)
REID, Robert 34, Lucinda F. 30, William E. 10, Minerva J. 8, Dolly Ann 6, Nora E. 4, Walter C. 10/12 (49)
RHOADS?, James? A. 34*, Martha S. 29, Aletha F. 7, John M. 5 (3)
RHODES, J. D. 41 (m), L. J. 36 (f), A. 10 (m), C. A. 8 (m), J. P. 6 (m), B. T. 6/12 (f) (24)
RHODES, J. M. 33 (m), Nancy J. 37, M. S. 10 (f), G. A. 6 (m), J. D. 2 9f), Delilah 72 (24)
RICE, John 23, Nancy 26 (8)
RICHARDS, James 34, Susan A. 27, James W. 12, Thomas 10, Mansfield 8, Sallie M. 3/12 (63)
RICHARDSON, Gideon 38, Nancy F. 33, Samuel 14, Thomas M. 12, Timothy B. 7, Elisabeth F. 1 (70)
RICHERSON, O. B. 33 (m), Sarah J. 35, W. B. 12 (m), John T. 10, F. M. 8 (m), Jesse C. 6, E. B. 3 (m), Mary A. 3/12 (10)
RICKMAN, J. 27*, Mattie 22, Odell 11/12, Thomas 20 (B), James 14 (B) (21)
RICKS, John W. 68*, Susan C. 53, Sarah L. 16, John W. F. 12 (72)
RIDDLE, John 52, Cassa 44, Mollie 12, Alice 8 (41)
RIPPY, F. A. 31? (m), Irene 22, Maggie 13, W. G. 10 (m), Wm. Cary 1 (29)
RIPY?, W. M. 34 (m), Mary E. 25, Alice B. 5, Jesse W. 2, Flora G. 6/12 (32)
RITCHARDSON, _____ 63 (f), Annie 30 (89)
ROAD, Moses 58, Frances A. 58, Sarah E. 29, Moses M. 22, Evy N. 12, Aller L. 20, Moses E. 6/12 (90)
ROADS, William 35, Mary J. 35, Bettie 8 (90)
ROARK, Asa 41, Sineas? 31, James A. 18, Mary F. 16, James A. 13, Nancy E. 11, Sally A. 10, Pernelie E. 5, Rely E. 3, Josiah 1 (73)
ROARK, George W. 48, Mary B. 22, Margrett S. W. 17, Reubin J. Y. 12, Johny W. 6, Marga M. 1 (77)
ROARK, H. R. 19 (m), Dona 17 (64)
ROARK, Iredell? L. 50, Mary E. 40, Mary L. 18, Martha J. 8?, Sallie E. 5 (2)

1880 Census Macon County Tennessee

ROARK, John 19* (B) (23)
ROARK, Mary 73* (83)
ROARK, R. W. 24 (m), Elisabeth 22 (5)
ROARK, Sirena 70, Anna 54 (77)
ROARK, W. S. 64 (m)*, Mary A. 59, Sarah M. 19, Joel Y. 16 (5)
ROARK, Wm. 72, Lucy 51, B. D. 17 (m) (64)
ROARK, Wm. A. 24 (B), Hannah C. 22, Vadie J. 4, Angeline 3, Estella S. 4/12 (58)
ROARK, Wm. B. 37*, Rhoda E. 39, Elizabeth 9, Willie 7, Idle 6, Mary D. 4, John 3 (58)
ROBARSON, Elisebeth 18*, King D. 8 (71)
ROBERSON, A. J. 44 (m)*, Sarah J. 37, Jefferson 18, Camilia 14, Almirinda 12, Amanda 9, Cornelia 7 (24)
ROBERSON, E. R. 28 (m), Hannah 24, Britton A. 7, M. Alice 6, H. T. 4 (m), Louisa 1 (22)
ROBERSON, H. B. 58 (m)*, Sophia 66 (26)
ROBERSON, Jasy 10 (f)* (84)
ROBERSON, W. M. 39 (m), N. J. 34 (f), D. M. 12 (f), L. K. 7 (m), M. A. 6 (f), A. B. 4 (m), Robert L. 9/12, Mary J. 9/12 (26)
ROBERTSON, ---- 35 (m)*, Sina E. 35, Rosey A. 16 (98)
ROBERTSON, John M. 21, Cornelia 22, Harvy L. 7/12 (99)
ROBERTSON, King jr. 39, Eliza 38, Cornelia 14, Frances E. 11, William F. 10, Mary E. 6, Ader S. 4, Iney E. 1 (99)
ROBERTSON, King sr. 79, Mary 51, Eliza C. 15, Maria B. 15 (99)
ROBERTSON, Mary 40* (53)
ROBINSON, Sarah E. 43*, Sarah A. 21, William L. 16, Minna A. 12, Marja B. 6 (14)
ROBINSON, Semantha J. 36, James W. 19, Alfred B. 17, Kate A. 13 (14)
RODDY, Robert 32*, Mary 31, Lucinda 7, Martha A. 5, Leroy J. 1 (90)
ROLAND, William 23, Martha 20, William 3, Frances M. 8/12 (50)
ROLIN, B. 58 (f)* (26)
ROLIN, Wm. 27*, Martha 25, R? H. 4 (m), F. N. 8/12 (26)
ROPER, Sarah A. 18* (75)
ROSE, John 47, Laura 21, Ezekiel 21 (46)
ROSE, William J. 57, Elizabeth P. 57, Mary 35, William? B. 22, Evaline 23, James? A. 21, John H. 18, Jacob J. 16 (13)
ROSS, William 38, Mollie A. 35, Owen 11 (100)
ROULSTON, M. J. 19 (f)*, Willie M. 17 (f) (23)
ROUSE, Ed 75* (B), Jane 50 (24)
ROUSE, Edmon 75* (B), Jane 70, Ginny 19, Mary J. 16, Cornelia 8 (52)
ROUSE, Fred 31 (B), Tilda 24, Milly 10, Edmond 5, Nelson 4 (24)
ROUSE, Fredrick 28 (B), Matilda 22, Annie 6, Edmon 3, John N. 2 (52)
RUSH, Eletha 85* (88)
RUSH, Elswich 24, Martha L. 19 (92)
RUSH, Jerrymire 57, Mary J. 50 (90)
RUSS, Newton 25*, Manda E. 30, James L. 2 (99)
RUSSEL, John W. 30, Ibbie A. 26, Isaac B. 7, Nancy A. 5, Wm. E. 4, Ida A. 2, Noah W. 4/12 (67)
RUSSEL, Luther 49, Minerva 47, Martha E. 12 (4)
RUSSELL, Curtis? S. 21, Mary A. 19 (19)
RUSSELL, E. H. 36 (m), Eliza 36, Martha E. 15, William B. 14, Rody J. 11, James B. F. 6 (88)

RUSSELL, E. P. 39 (m), Nevry 40 (f), Louisa E. 16, Henry F. 11, Luceti P. 4, James H. 2 (88)
RUSSELL, E. S. 32 (m), Elizabeth 41, William B. 12, Charles C. 7, Artimisa 24, Andrew F. 5 (87)
RUSSELL, Esbell 48, John H. 27, Espria 25, Annie A. 21, Martin L. 5 (93)
RUSSELL, J. J. 70 (m), Martha 68 (98)
RUSSELL, John 16* (84)
RUSSELL, John B. 52*, Charlotie P. 49, James H. 15, Silas J. 14, William P. 12, Luvinia E. 10, Elam M. 7 (88)
RUSSELL, John R. 47, Mary A. 45, Vandaly 19, Pultes P.P.B. 17, Ulylus 16, Erastus 13, Inez C. D. 11, paschal 8, Mary E. 5 (99)
RUSSELL, Levy 36, R. 32 (f), Elizabeth A. 14, William J. 11, Arthur M. 7, Cadmus M. 5, Herchell A. 4, Mary L. 2 (97)
RUSSELL, Miles A. 32, Pelina A. 29, Eliza A. 10, John 7, Phelia J. 5, Harvey A. 1/12 (67)
RUSSELL, Silas C. 56, Matilda 48, Bettie 18, Anna A. 10, Elam G. 6, James T. 4, Luraney G. 1/12, Parcus W. D. 18 (88)
RUSSELL, W. F. 21 (m), Malissa F. 21 (89)
SADLER, C. N. 19 (m), Adaline 19, Joseph N. 1 (91)
SADLER, Henry 50, Lucy J. 48, Henry Logan 25, Mary E. A. 12, John A. 9, Baley B. 6 (101)
SADLER, John W. 50, Sarah T. 57, Jasper S. 29, Valintine 23, James W. 3 (91)
SAILERS, Henry 45, Bettie 26, J. N. 19 (m), Willis 15, Jane 12, Sallie 9, H. W. 7 (m), Lucinda 5, S. 4 (m) (26)
SALLY, Christopher 16* (48)
SAMPLES, Robbert 53*, Elizabeth M.? 51, Polly A. 21, Alonzo 19, Melissa E. 16, Armeda D. 14, Meager 11, Joseph 7 (81)
SANDERS, Amanda C. 17* (3)
SANDERS, F. W. 69 (m)* (5)
SANDERS, Hugh 19* (6)
SANDERS, L. A. 35, Ann E. 36, Verginia 13, Martha S. 11, Willie 9, James E. 7, Emma 6, Maud 4, Vandala 1 (44)
SANDERS, Marion 51*, Nancy Ann 37, Gilley A. 15, Fannie 13, Joe 5, Ida 3 (55)
SANDERS, Palistin 36*, Geo. W. 13, James 11 (18)
SANDERS, Polly 72* (18)
SANDERS, V. A. 44 (m), Louisa F. 34, Camile F. 14, Mildred S. 5, Bettie 3, Mary N. 1 (17)
SANDERS, Williamm L. 29, Susan F. 28, Albert 7, Luther 4, Dorah 3, Monie 1 (18)
SCOTT, James B. 26, Lisa C. 27, William C. 3, Martin W. 1 (73)
SCOTT, John T. 30*, Nervy J. 30, James Bery 2, Milfred J. 1 (73)
SCOTT, W. C. 44 (m)*, Pena E. 44, M. B. 5 (f) (8)
SCOTT, Wiley 68*, Louisia 65 (73)
SCRUGGS, Henry 38, Patty 38, Marshal 9, Finch 8 (49)
SCRUGGS, Robert 32, Josiphine 31, Robert L. 5, Hecter 3 (49)
SEAGRAVES, Benjamin 22, Julina F. 18, Sarah E. 1, unnamed 1/12 (f) (18)
SEAY, W. T. 31 (m), Lovena C. 23, James L. 4, Edward 2, Mattie E. 8/12 (4)
SEEGRAVES, Wm. H. 26*, Sarah I. 28, Laurainda 9, Hannah A. 6, Lethie A. 3, John W. 1 (62)
SEGRAVDES, Ivay 17 (m)* (B) (45)
SEGRAVES, Byron H. 33, Lucinda 22, James H. 13, William H. 7, Lucy A. 5, Amanda S. 4,

1880 Census Macon County Tennessee

Samuel 2/12 (17)
SEGRAVES, Geo. T. 24, Mary J. 24, Mildred 6, John H. 4, Martha 1 (2)
SEGRAVES, Henry 53, Ferry 40 (f), Robert L. 22 (5)
SEGRAVES, L. L. 60 (m)*, Roda 54 (5)
SEGRAVES, Louis L. 24* (B), Amanda 17 (8)
SEGRAVES, Robert 18* (B) (17)
SEGRAVES, S. L. 26 (m), Elvira 20, Lester L. 1, Lilar 1 (5)
SEITS, Thomas 44, Sarah E. 28, Norman 15, Mary J. 9, John J. 7, James F. 5, Wilson W. 4, Viola E. 9/12 (40)
SELLY, Willie 15* (21)
SENTER, Lorena 20* (45)
SENTER, Mahala J. 47, Ellin 23, Willis S. 12, Letcher M. 9, Josephene 7 (12)
SETHSON?, C. 25 (m), Jennie 24, no name 1 (f) (30)
SHAVER, Sarah 63* (48)
SHAVER, Thomas B. 33, Mary E. 32, Eliza J. E. 11, Henry J. 19, Clayanner 7, Cora L. 2, Nancy A. 1/12 (65)
SHAW, Green 33*, Candus 34, William R. 9, James N. 8, Celie C. 2 (72)
SHAW, James G. 37, Sarilda A. 36, Willian M. 11, Lenora 9, Eldora 9, Mary 7, James F? 3 (69)
SHAW, William 65, Susan E. 43, Cherli A. 43, Matison H. 23, Ollie 16 (69)
SHAW, William D. 27, Luthener A. 22, Mary J. 6, Mandy? A. 4, Henry O. 2 (69)
SHAW?, Wash 25* (29)
SHIRLOCK, James 35, Monroe 11, Mary 9, Lee 5, Richard 2 (65)
SHOAT, Isaac 26, Eliza A. 24 (45)
SHOCKLEY, William T. 25, Nancy T. 31, William T. 8/12 (83)
SHORT, Daniel A. 30*, Mary 32, L. Dow 12, William 11, Laura 6, Eva M. 1 (11)
SHORT, Jasper D. 45*, Elisabeth 35 (11)
SHRUER, John W. 39, Sarah A. 38, Tilda D.? 18, Dolly A. 12, Marlin G. 10, Mary A. 6, Saly E. 5, Jonah 2 (90)
SHRUM, Carrol 65*, Mary J. 56, Coleman 31, William C. 13, Louvena 11, Amy 9, Anna 7 (48)
SHRUM, D. H. 16 (m)* (9)
SHRUM, Elizabeth 58* (68)
SHRUM, James P. 12* (67)
SHRUM, John 41, Martha 34, Allen F. 19, Elizabeth 16, George 12, Mary 11, Bird 9, Eva 4, Sarah 2 (100)
SHRUM, King M. 34, Mary E. 37, Sarah F. 16, Wm. G. 14, Nancy E. 12, Lethie S. 8, Victora 6, Medora 5, Martha A. 3, Thomas F. 2 (58)
SHRUM, Malvina 12* (63)
SHRUM, Nancy 36, Susan 25, Hanty 12, John E. 7, Hugh B. 5 (62)
SHRUM, Pleasant A? 51, Louisa J. 47, William J. 14, Thomas W. 13, Louisa C. 9, Malvina C. 7, Melia P. 6, James 24, Dora 18 (53)
SHRUM, Pleasant F. 26, Malvina S. 34, Sarah A. E. 6, Didama A. 2 (2)
SHRUM, Sarah R. 30, Mary F. 17, Hannah L. 8, Betsy 7, Charles B. 3 (59)
SHRUM, T. D. 70 (m), Mary 37, Darthula 17, Bell 8, not named 6/12(m) (6)
SHRUM, Wm. A. 33, Martha S. 30?, Jerry A. W. 13, Thomas P. 10, Edward F. 7, Henry F. 3, Nancy B. 2/12, Thomas 58 (67)
SHRUM, Wm. A. 39*, Sarah H. 42, Elizabeth J. 12, Wm. A. 10, Babe 4 (m) (63)

1880 Census Macon County Tennessee

SIMMONS, Benj. 52 (B), Mary 23, Bishop 12? (5)
SIMMONS, C. 56 (m), Emeline 48, Charles 18, Lee 16 (30)
SIMMONS, Chas. 77*, Jane 73 (28)
SIMMONS, E. J. 29, Amanda E. 25, John M. 5, Van 4, Lethie 2, James 1 (61)
SIMMONS, E. W. 48 (m)*, S. M. 53 (f) (27)
SIMMONS, E? G. 45 (m), Gilly H. 40, Margie 13, Laura 12, Martha 10, Odie C. 7, Perry G. 4, Casper 3, no name 6/12 (f) (37)
SIMMONS, J. 36 (m), Josephine 31, Walter C. 13, Allie B. 7, Bascom 1/12 (25)
SIMMONS, J. C. 27 (m), Nancy E. 25, Charlie 5, Thomas 3, no name 1/12 (f) (29)
SIMMONS, J. C. 40 (m), Caroline 38, John Wm. 15, Noah R. 13, Grace R. 11, Sarah L. 7, James 4, A. G. 8/12 (28)
SIMMONS, Jack 33 (B), Martha A. 28, Mag A. 7 (44)
SIMMONS, James W. 13* (14)
SIMMONS, Jos. J. 29, Margaret 27, Andy E. 8, Oscar E. 2, Charlie S. 2/12 (33)
SIMMONS, M. 36 (m), Mary L. 34, Lawson 10, Cammie 8, Doctor Eve 7, Willie 5, Ida P. 3, Bertie R. 1 (21)
SIMMONS, Maria 15* (B), La-- 9 (m), Mary? 6 (42)
SIMMONS, Maria 25* (B), Lawson 8, Agniss 5 (12)
SIMMONS, Nelson 33* (B), Mildred C. 26 (49)
SIMMONS, Sallie 64*, Margaret 31 (27)
SIMMONS, W. 8 (m)* (36)
SIMMONS, W. C. 26 (m), Rose L. 19, Luther W. 3, Lewis H. 1 (30)
SIMMONS, Wm. R. 24, Mary R. 27, Lizaeth 4, Polley 64 (59)
SISCO, Calvin 35, Rebeca F. 29, Henry F. 7, Emmer 5, William 3, Elizabeth 7/12 (95)
SISCO, John H. 22, Arrnia C. 21, Maggie 10/12 (95)
SLATE, Haly P. 23, Margerett 27, Oscar C. 2, Flora? 1 (86)
SLATE, Nancy A. 62, Mary W. 32?, Sophia L. 11, Albert 15 (86)
SLATE, William 38, Sarah A. 39, Charley 12, John A. 8, Maud 5, Joseph B. 2, Dulcena 3/12 (93)
SLOAN, H. E. 38 (m), Emeline 39, Robert 10, Hester A. 6, Hezekiah 3 (30)
SLOAN, J. C. 55 (M)*, Elizabeth 54, Mollie L. 20, Charlie 16, Lou Etta 14, Magnolia 10 (23)
SLOAN, John 22*, Louisa 41 (29)
SLOAN, Robert 60, Lucy C. 60, Robert L. 21, Sarah S. 19, Pattie 17 (32)
SLOAN, S. A. 42 (f)* (21)
SLOAN, Thomas D. 25, Eliza A. 23, Mary J. 7/12 (48)
SLOAN?, J? D. 26 (m)*, Mary E. 25, Lena 5, Ella 2, John C. 4/12, Martha 62 (22)
SLOAND, John 47, Nancy 47, Archa W. 25, Ira 12, Nancy R. 9 (94)
SMALLING, Henry 43, Polly 30, James 18, Mary 11, Letha 7, Bratton 3 (10)
SMAULDEN, Lucinda 29*, Louis M. 4 (82)
SMITH, A. J. 5 (m)* (1)
SMITH, Andrew F. 25*, Jane 25, Wm. C. 5, harvey A. 2 (59)
SMITH, Daniel 28, Mary F. 26, Minnie B? 7, Sydney B. 5, Fanny B. 2 (70)
SMITH, Daniel W? 65, Mazy C. 44, William H. 17, Samantha P. 14, Richard E. 12, Martha E. 4, Isaac B. 1 (1)
SMITH, Dotson 23, Virginia A. 17, Emma T. 4/12 (89)
SMITH, Elizabeth 71* (73)
SMITH, Fanny 40* (3)
SMITH, Frances 16* (49)

1880 Census Macon County Tennessee

SMITH, H. C. 30, Emily W. 21, Cicero E. 4, Walton F. 1 (93)
SMITH, H. C. 36 (m)*, Anna 34, Minna 8, Frank 6 (7)
SMITH, Houston 52, Lue 46, Babe 27 (m), Lovy 18, Mary E. 7, William H. C. 5 (87)
SMITH, Hugh 14* (70)
SMITH, Hugh K. 18* (57)
SMITH, James 27, Malisa A. 22, Larkin N. 5, Peter Mc. 8/12 (88)
SMITH, James D. 32, Catherin S. 30, Frank 10, Cornelius A. 9, Robert 7 (14)
SMITH, James F. 26, Tabia 23 (99)
SMITH, John 21*, Wm. 17 (60)
SMITH, John 36, Mary E. 31, William A. 13, Jessie L. 11, John R. 9, James H. 7, Margerett L. M. 3, Pofy H. 1 (f), Shepard Lee 53 (84)
SMITH, John H. 29, Fannie 26, Josie F. 6, Thomas 3, Goldmon 6/12 (100)
SMITH, John I. 32, Nancy W. 34, William T. 10, Harrison C. 8, Mary B. 6, Samuel R. 4, Jane C. 1 (70)
SMITH, Joseph P. 53, Tabitha 42 (92)
SMITH, Maranda 13* (101)
SMITH, Marcus 25* (56)
SMITH, Martha E. 39, Hugh F. 17, John 10, Matilda J. 7, Drucilla M. 4, patrick 9/12, Allie 65 (57)
SMITH, Nancy A. 21*, James W. 4, Margaret Nora 2 (17)
SMITH, Nathan T. 52, Catherine L. 46, Pleasant S. 21, Nancy E. 17, Martin E. 14, William J. 11, Waine W. 8, Daniel S. 5 (87)
SMITH, Pierson 20, Martha H. 19 (42)
SMITH, Roda 15* (16)
SMITH, Solomon 70, Nancy 65?, Malvina 21, John 16 (42)
SMITH, Tabby 9* (B) (40)
SMITH, W. A. 28 (m)*, Martha J. 24, Charles M? 11?, Nancy? --, Alize? 16? (43)
SMITH, W. H. 35 (m), Elizabeth 34, John W. 14, Aley F. 12, Andrew J. 10, Henry C. 8, Merlin K. 6, William 3 (54)
SMITH, W. L. 62 (m), Mary A. 60, Julia A. 38, Susan E. 18 (7)
SMITH, W. N. 24 (m), Mary A. 28, Nettie 9/12 (100)
SMITH, William M. 69, Susan A. 69, Sarah E. 45, Mary 24 (71)
SMITH, Wilson N. 25, Caladona 21, Samuel T. 5/12 (89)
SMITH, Wm. H. 37, Margaret A. 20, Allen 11, Robert H. 6, Levi 4, Louisa 1 (66)
SMOTHERS, E. V. 65 (f)* (24)
SMOTHERS, H. F. 58 (f)* (22)
SNEED, Hannah 60* (101)
SNIDER, Elias D. 32, parrilee 32, Nisaphine 8, Mary A. 4, Viola 10/12 (59)
SNIDER, James H. 31*, Martha A. 42 (73)
SNIDER, Jane 55, Amanda 35, Alice 6 (43)
SNIDER, Robbert 22, Nancy 20, Martha J. 9/12 (43)
SNODGRASS, Patty 20* (41)
SNOW, Albert 21*, Sarah 18, Almeda 7/12 (39)
SNOW, J. M. 46 (m), Elizabeth 38, Mary A. 15, Daniel 14 (39)
SNYDER, Hugh 27, Louisa 26, Elijah 10, Cyntha 5, no name 3/12 (f) (11)
SOMERS, Wm. F. 35, Josephine 33, A. F. 15 (m), Frances 10, catherine 8, Alice 5, George W. 3, James 9/12, Alvin F. 76 (37)
SOMERS?, J. A. 25 (m), N. E. 21 (f), T. V. 2 (m) (25)

1880 Census Macon County Tennessee

SORE, John 14* (B) (40)
SPEAR, Phillip 48, Mary C. 38, Cora C. 17, Hewlett W. 15, Jefferson C. 13, Helen E. 10, Saml. D. 6, Starlin D. 4 (3)
STAFFORD, Eliza 13* (39)
STAFFORD, Mary 20* (63)
STAFFORD, Polley 65* (61)
STAFFORD, T. W. 27 (m)*, Cornila J. 23 (12)
STALCUP, Jerry 80* (B) (43)
STANFIELD, Bird 60* (B) (48)
STANTON, Amanda 18* (47)
STANTON, Mary A. 18* (13)
STAPLETON, Jas. 51* (25)
STEEN, Elihu 39, Lucy A. 27, Mary C. 11, Emly J. 7, Wm. F. 5, July A. 3, Lethie A. 9/12 (62)
STEPHENS, Bud 33, Alice 21, Alfred 3, Franklin 1 (61)
STEWART, Edman 36* (B), Mary 47, Nancy 11, William 9 (52)
STEWART, Edward 30* (B), Mary 46, Nancy 10, Robert 6 (28)
STEWART, George 35 (B), Lucy 26, Willie 5, Mary L. 5/12 (53)
STEWART, John 47 (B), Amy 34, John 16, George G. 13, Calodona J. 9, John W. 4, Dora S. 2, Susanna 3/12 (50)
STEWART, Richard 45 (B), Cornelia 23, John P. 12, William 9, Blanch 3, Richard A. 6/12 (50)
STEWART, William 37* (B), Charlotte 36, Elizabeth 12, Rachel E. 5, Mary E. 2 (51)
STEWART?, Ellis 30* (B), Cyntha J. 40, Willie A. 8, L. E? 6 (f) (8)
STEWART?, P. M. 46 (B), Lucinda 36, M. D. 11 (m), Geo. W. 9, Mary F. 7, P. M. 5 (m), P. L. 3 (m), L. E. 8/12 (f) (8)
STINSON, Asa 49, Claracy E. 47, Ellie E. 21, Arelda 17, Caldonia 14, Clarie 9 (24)
STINSON, Bengamin 26, William A. 20, Tabitha V. 3, Thomas E. 7/12 (53)
STINSON, Ephram B. 47, Rebecca A. 47, Charley 23, Elilgah D. 19 (53)
STINSON, Henrey 33, Nancy 35, Mattie 7, Dora 5, Minnie 2, Queenie 11/12 (23)
STINSON, Matilda 31, Albert 11, Cora 6, perva 5 (23)
STINSON, Maud 25*, Pollie? 8, Eddie 6, Piercy 5, Nettie 4, Willie M. 10/12 (28)
STINSON, R. 44 (f), Alexander 17, Amanda 15, Ellen D. 13 (23)
STINSON, Wilson M. 16*, James A. 9 (46)
STINSON, nancy 51*, James D. 35 (27)
STONE, Alford 32*, Bettie 30, John W. 7, Wilie L. 5, Clarence L. 4, Elzia M. 2, James A. 8/12 (49)
STONE, John H. 36*, Anna E. 23 (4)
STONE, John W. 40, Bettie 33 (21)
STORY, Bengamin 52, Mary B. 54 (53)
STORY, E. T. 31 (m)*, Josiphine 28, Jo A. 2, Velina M. 1 (48)
STORY, Huston 26* (59)
STORY, James 65, Jane 64, John 18 (53)
STORY, John W. 40, Mary 34, John F. 12, James 10, Robert 8, Molly B. 6, David G. 3, Joseph 1 (53)
STORY, William 39, Martha 38, James Y. 18, Mary J. 15, John W. 12, Martha A. 8, Elizabeth F. 7, Edgar 10/12 (51)
STORY, William 66, Mary 64, Nancy 44, John 42, Elizabeth A. 34, Margaret M. 24, William

1880 Census Macon County Tennessee

D. 14 (50)
STORY, William B. 36, Martha E. 33, joseph 16, Sarah A. 12, Jacob 9, Ada 7, David L. 5, Bettie 3, Nelly 8/12 (53)
STRATTON, Jeff 19* (56)
STREET, Laura B. 25* (5)
STREET, Willie N. 20* (73)
STROWDER, Elizabeth 90* (B) (52)
STUBBLEFIELD, Robt. 70, Martha 77, Mary 37 (28)
SULLEY, Fred 18 (4)
SULLIN, Robert 35*, Permily J. 29, Tilford F. 5, Mary E. 2 (65)
SULLIVAN, B. 21 (m)* (B) (5)
SULLIVAN, G.? D. 29*, Sarah C. 28, Cornelia 3, Rebecka H.? 62, Luther C. 31 (12)
SULLIVAN, James H. 35*, Hannah J. 31, Edgar 9, Wm. S. 8, Mollie B. 6, Vallie H. 3, no name 7/12 (m) (55)
SULLIVAN, Jerry 45 (B), Arry 35, Amanda 17, William L. 15, Elijah H. 13 (39)
SULLIVAN, John J. 39*, Mary A. 39, Mary J. 19, Josaphine 17, William J. 13, Cora 5 (51)
SULLIVAN, Joseph 40, Louisa A. 41, Ellen E. 8, Ada L. 6, Mary L. 4, James T. 1, Nancy 68 (12)
SULLIVAN, Pliant 37 (B), Mary 27, Albert 12, Robert 10, Thomas 7, Vergil 6, Ellacie 4, Luella 2 (62)
SULLIVAN, William H. 32, Martha S. 24, Lesley C. 6, Alda D. 3, Thos. S. 11/12 (12)
SUMMERS, Aurilee 16* (98)
SUMMERS, Matilda 55, William A. 19, Bell J. 16, Sarilda A. 14 (86)
SUMMERS, S. E. 24 (f)*, T. C? 19 (m) (49)
SUTTON, Geo. 65* (15)
SUTTON, James 45, Leatha 41, Lerey B. 19, Flavius 10, David W. 14, Sarah J. 12, Haly 10, Nervy E. 8, Martha A. 2 (98)
SWINDLE, Antney A. 48, Elisabeth F. 43, James W. 21, Sarah N. 18, Henderson F. 13, William L. 12, Timatha H. 9, Marlin Y. 7, Florence A. J. 4, Laure F. 2, Thomas A. 1 /12 (72)
SWINDLE, Joseph A. 23, Laura B. 20, James A. 1 (62)
SWINDLE, Mary S. 46*, Mary B. 19, Martin 18 (8)
SWINDLE, Wm. H. 25, Eliza A. 22, Frances 5, Victora 3, Lethie 10/12 (60)
TALLY?, R. J. 30 (m), L. T. 25 (f), J. A. 7 (m), W. V. 5 (m), Jesse D. 3, O. 1 (m), Sallie 25 (26)
TALLY?, T. J. 36 (m)*, Mollie 28, Fannie 9, W. 7 (m), Ora 5, Jeff 3, Clarence 1 (26)
TALNON, Jesse L. 39, Elisbeth e. 32, Finettia V. 12 (72)
TATE, Nancy 65* (B) (44)
TAYLOR, Jeremiah V. 48* (B), Mary A. 40, Amanda J. 15 (57)
TAYLOR, Lemuel C. 54, Cuzziah 46, William W. 20, Sarah J. 17, Laura L. 15, Emely A. 13, Jennie C. 6?, Irby Geo. 3 (20)
TAYLOR, Lucy 25*, Thomas 2 (55)
TAYLOR, Millie 22* (4)
TAYLOR, Nancy A. 17* (2)
TAYLOR, Susan 76 (100)
TAYLOR, Wm. 39* (B), Margaret 40 (57)
TEMPLETON, W. E. 24 (m), Martha 18, N. D. 5 (f), Mary V. 3, Charlie R. 1/12 (25)
TEMPLETON?, J. D. 30, Sarah 35, Sallie 7, W. C. 6 (m), Peter 4 (26)

THE?, Alex 57, Katy 56 (100)
THOMAS, C. B. 68 (m), Abariah 68, Manerva 39 (98)
THOMAS, Dock F. 32, Nancy 25, Mary M. 10, Margeret E. 7, Nancy L. 4, Cora A. 1 (85)
THOMAS, James H. 27* (B), Mattie 20 (52)
THOMAS, Maranda 55, Dixon W. 38, Chesley 25, Margrett S. 22 (95)
THOMAS, Thos. J. 41, Margarett 36, James H. 15, Zandola E. 13, Colquet L. 11, Chesley 9, Jefferson 7, Mary B. 5, Hush 3 (98)
THOMAS, Z. W. 30 (m), Clarinda 26, Thomas C. 2, Chesley M. 3/12 (95)
THOMASON, Joseph 34*, Margaret 34, Martha S. 11, Ellen A. 9, Nannie F. 7, Emma 5 (60)
THOMASON, P. 17 (m)* (32)
THOMASON, Rachel 70*, Mary 37 (55)
THOMPSON, Bettie 27* (17)
THOMPSON, Charly 29, Amanda 29, Ida Lee 4, James W. 2, Alberta 9/12 (49)
THOMPSON, Frank 45* (B) (39)
THOMPSON, James 54*, Elizabeth 46, Joseph N. 24, James N. 18, John T. 14, Heffy S. 16, Margaret C. 11, Mary C. 9 (53)
THOMPSON, L. D. 50*, Mary 38, Elizabeth 14, Thomas 12, Catharine 8 (39)
THURMAN, Carrol 51 (B), Clerisy 35, Quilla 12, Elizabeth 10, Allie F. 8, Ritta M. 6, Peter B. 4, Mary A. 2, Carry 1 (53)
TOLAR, Julia A. 53*, Joel M. 22, Martha J. 20, Marbraan K? 18 (72)
TOOLY, Elizabeth 64 (22)
TOOLY, W. T. 35 (m), Amanda 34 (22)
TRACEY, Jordan 27, Elizabeth 25, Louisa 8, Lucy Ann 7, Eliza F. 4 (28)
TRACY, Jordin 28, Bettie 25, Lorina J. 8, Lucy A. 6, Celia F. 4 (15)
TRAMMEL, Aleck 22, Louisa 18, Charles F. 3, Martin L. 1 (37)
TRAMMEL, John D. 38, Nancy 28, Bengamon 12, John R. 10, Jerry 8, Wilson 7, Robert H. 5, Jessey C. 3, Tennessee R. 2/12, Manervy 64, Nancy J. 32 (66)
TRAMMEL, Wm. 25, Mary E. 21, O. V. 1 (m) (34)
TRAMMELL, Chrity E. 24* (64)
TUCK, E. F. 51 (m), Martha E. 47, Henry H. 20, Eller A. 20, Ed W. 17, Thos. G. 15, Susan C. 10, Girtrude 8, John P. 6, Elijah T. 6 (7)
TUCK, Geo. W. 39, Nancy C. 36, Cena E. 14, Wilson W. 12, Walter C. 10, Thomas S. 7, Julius C. 2 (1)
TUCK, John P. 46*, Mattie J. 44 (3)
TUCK, W. L. 35 (m), Mary E. 35, E. J. 10 (f), Dora H. 8, Henry L. 5, Mary M. 3 (7)
TUCK?, John? C. 75*, Elinor 75 (1)
TUCKER, Enoch C. 32, Finetta J. 31, Matilda H. 9, Mahala A. 6, Docia A. 5 (76)
TUCKER, Granvil J. 48, Marget A. 41, Wesly W. 19, George G. 15, James J. 11, Enuch E. 11, Elern? J. 6 (f), Sina C. 5, Thomas T. 2 (75)
TUCKER, Mildred E. 30*, Almira 11, Timotha P. 8 (77)
TUCKER, Wesly W. 72, Carline C. 69 (75)
TURNER, Drue? 48* (B), Eliza A. 12 (8)
TURNER, Eliza 31*, Mary C. 14, John H. 8, S. E. 5 (m), James G. 4, Nancy A. 2 (36)
TURNER, Isaah 40* (36)
TURNER, J. A. 51 (m), Margaret 45, Julia 16, Cora 14, Harvey 12, Cammie? 11 (f), Noah 9, Emery 7, Clarence 5 (30)
TURNER, James 46, M. A. 44 (f), Sarah A. 20, L. M. 15 (f), John 11, Louiza 9 (8)
TURNER, John 18* (B) (5)

1880 Census Macon County Tennessee

TURNER, Sampson (B), Turner 30, Hannah 26, Willie 9, Andy 7, Ora 5, Josiphine 3, Thomas 5/12, Bitty 80 (53)
TURNER, Sarah H. 49*, Sarah M. 23 (69)
TURNER, William 22, Nancy A. 15 (8)
TURNER, Wm. R. 26*, Cora J. 20, Owen F. 10/12 (54)
TURNER?, Elisha 34, Louisa 28, Jeremiah 2, Lively? E. A. 7, Sarah J. 4, Artimisia 2, Babe 2/12 (f) (90)
UHLS, Lucy 73* (56)
UHLS, Randle 58* (B), Kittie 65 (58)
UHLS, S? T. 32 (m), Mary L. 32, Bettie A. 9, Lucy J. 5, Maggie E. 2 (54)
UHLS, Wm. 50*, Elizabeth 36, Martha E. 24, Jennie A. 12, Ara E. 11, Mary M. 7, John W. 6, Wm. A. 1 (55)
UPHAM, W. C. 25 (m), Millie? G. 23 (31)
VANCE, Emily 69* (48)
VANCE, John 21, Susan 21, Martha J. 4, James T. 2, Minnie E. 11/12 (51)
VANCE, John 28* (53)
VANCE, Thomas 45, Matilda 44, Jefferson 15, George 13, nancy C. 11, Susan G. 7 (51)
VANHOOSER, Z. 58 (m), Sarah A. 58, Benjamin 22, Frank 19, Sallie 15, Thomas 12, James 9 (88)
VAUGHAN, F. 21 (m), Sumantha 21, Letha H. 7/12 (8)
VAUGHAN, James M. 28*, James A. 29, Joseph A. 6, Minnie E. 3 (78)
VAUGHN, D. 59 (f) (91)
VAUGHN, John 50?, Lizzie J. 43, Milla F. 18, Sarah E. 16, Jarrett W. 14, Joseph P. 11, George S. 9, Laura E. 7, Nancy Mc. N. 4 (91)
VAUGHN, Lee 24, Margaret B. 21 (67)
VAUGHN, Louisa 63*, James R. 16 (88)
VAUGHN, W. 34 (m), Mitty J. 33, Virginia F. 13, Martha C. 11, Martin L. 6, Smith B. 1, John Bennett 1/12 (91)
VIVARS?, Peter 76*, Susan 66, J. C. 40 (f) (26)
VODEN, Burrell 60, Mary 39 (26)
VOLENTINE, Ely 53 (B), Mariah 45, Fanny 17, Elmira 14, John 12, Louella 10, Ida 5, Charity 2 (52)
WADE, Henry 58, Amanda 39, Rujenia 4, Bertha 2 (30)
WAKEFIELD, A. C. 25 (m), Willie C. 13 (f) (94)
WAKEFIELD, Alex 52*, Mary 50, Henry 17, Granville 16, Adda 14, Elmore 11 (86)
WAKEFIELD, Amanda 53* (7)
WAKEFIELD, Booker 63, Martha A. 50, Mary F. 18, Alexander N. 12, Cyntha A. 10, Nancy J. 8? (2)
WAKEFIELD, Gilbert 39*, Tabitha F. 33, Claudius 8, Mary B. 5, Henry T. 2 (97)
WAKEFIELD, J. M. 69 (m), E. J. 55 (f), Thos. J. 28, Amanda J. 23, Andrew C. 18, W. S. 12 (m) (7)
WAKEFIELD, J. N. 32 (m)*, Louisa E. 25, Thos. P. 9, F. V. 6 (f), A. R. 3 (m), Unice P. 1 (4)
WAKEFIELD, J. T. 31 (m), Martha 21 (7)
WAKEFIELD, James A. 28*, Cyrus J. 19, Paschal A. 13 (63)
WAKEFIELD, T. J. 62 (m), Eliza A. 61, Van C. 18 (97)
WALDRON, C. 66 (f)* (27)
WALDRON, Wm. 42*, Lucinda 30, Rosa E. 15, Virgil 9 (27)
WALKER, Charlotte 72, James M. 34, Arminda M. 12, Willie E. 9, Samuel J. 6 (77)

1880 Census Macon County Tennessee

WALKER, W. M. 33? (m), Jintha J. 29, James P. 13, Pricilla 11, Deluda F. 9?, George W. 6, Sallie A. 4, French M. 2 (m), Minnie M. 4/12 (89)
WALLACE, James 21* (94)
WALLACE, Louis F. 29, Sarah A. 32, Clabe F. 8, George P. 4 (96)
WALLIS, R. K. 43 (m), Mary J. 44, Isadora 21, M. C. 19 (f), O. F. 17 (f), Arintha 15, Martha A. 11, Hariet L. 9, Louisa 7 (9)
WALTON, Geo. L. 58, Mariah 53 (3)
WALTON, Thos. J. 27*, Sarah 28, Andrew A. 2, Margarett S. 3/12 (18)
WALTON, Thos. W. 55, Cyntha A. 42, Sarah A. 17, Edmond M. 15, Louzinia F. 14, Dora A. 12, Geo. L. 11, Elisabeth B. 7, John P. 5, James H. C. 2, Maggie 11/12 (17)
WALTON, William T. 52, Adamatine 32, Micajah W. 21, John W. 18, Martha E. 15, Elsiabeth A. 13, Buck M. 10, George M. 1 (19)
WATHEL, R. 40 (m) (B), Capatola 20, Allie O. 3, B. 7/12 (m) (25)
WEATHERFORD, C. F. 27 (m), Florence 22, Thomas S. 4, Sohhy? 2 (f), Pious F. 1/12 (22)
WEATHERFORD, J. 56 (m)*, J. C. 32 (f) (25)
WEATHERFORD, M. 75 (f)* (33)
WEBB, Patrick 40 (57)
WEEKS, John 65, Margaret 45, A. B. 21 (m), J. B. H. 11 (m) (25)
WEEKS, Marcus 34, Hannah 28, Abigail 11, King 9, Wm. H. 6, Jamse T. 2, Jasper 5/12 (28)
WEEMS, Hary? B. 21*, Martha L. 32 (59)
WEEMS, John 83* (36)
WEMS, Felix G. 44, Mary J. 26, Eugena G. 22, Isaac N. 19, James F. 17, Felix G. 15, Matilda A. 13, Huston K. 7, Nannie F. 4, John H. 1 (48)
WEMS?, Hugh L. 24, Nancy A. 22, Elsiabeth 58, Arena M. 28 (16)
WEST, Albert D. 32, Sirena M. 29, Sirena O. 6, Valria S. 3, Leander J. 3, Fathia A. 2, Taler C. 8/12 (77)
WEST, Balia P. 37, Beeky J. 36, Mary E. 12, Sarah A.? 10, Joseph R. 9, Lucy A. 7, Williamson C. 5, Matha S. 3, Lonzo M. 1 (76)
WEST, Curtis 35, Ellen 31, James L. 12, Mary E. 10, John W. 8, Nellie R. 5, Willie D. 2, Avia A. 1 (96)
WEST, Ezekiel 73?, Mary 50, Sally A. 4 (71)
WEST, Hampton 44 (84)
WEST, James H. 38, Saretha A. 30, Urasmus J. 11?, James E. 5 (70)
WEST, Jessee 40, Nancy M. 32, Sarah C. 9, Richard E. 8, Lucy A. 6, Thos. H . 4, Nancy M. 2 (2)
WEST, Jessey 36, Sarah F. 34, Mary S. 11, Seldon L. 8, Perry B. 7, Miles R. 5, Jessie F. 3, Henry C. 1 (88)
WEST, Leonadas 22, Sarah M. 19 (92)
WEST, Martin 46, Matilda K. 42, James L. 15, Elija P. H. 9, Anna E. 4 (71)
WEST, Miles 47, Rutha J. 43, Leonadas M. 23, William H. 17, Catha A. 14, Mary E. 12, Nancy M. 11, Jimie V. 9, Julia B. 7, Hampton H. 4, Jessie N. 1/12 (84)
WEST, Miles F. 60*, Mary 61, Abraham D. 20 (88)
WEST, Nancy 62*, Jerry 28 (m) (85)
WEST, William R. 33, Patsy 25, Nancy 79, Nancy T. 9, Mary P. 7, Rufus M. 5, Perny A. 2 (71)
WHEELEY, Hugh L. 63, Nancy A. 31, Margret M. 21, Mariam P. 19, Derinda L. 17, Manda E. 15 (82)
WHEELEY, Thomas P. 25, Semantha J. 20, Manda O. 1, John H. 6/12 (82)

1880 Census Macon County Tennessee

WHITAKER, Charles 18* (84)
WHITE, Abner 30, Julia 32 (16)
WHITE, Anderson 29* (B), Sarah 27, Georgette 4, Anderson 2, Sarah E. 12, Alphula 8 (5)
WHITE, Ann 40, Eldridge 17, Camila H. 15, William T. 12, Florance 7, Allen 6, Columbus K. 4, Elsa? D. 2 (14)
WHITE, Archebald 28, Nancy J. 31, Dolly L. 7, Kate E. 5, Leander 3, James W. 1 (16)
WHITE, Caleb? 28*, Eliza 22, Elmer L. 4/12 (41)
WHITE, Daly 32*, Martha S. 22, Ida 7, Agness 5, Laura 3, Maud 5/12 (45)
WHITE, Daniel 24* (B) (5)
WHITE, Daniel 28 (B), Darthula 27, John H . 8, Melssa E. 6, Thad F. 5, Marlin W. 3, William 1 (45)
WHITE, Elizabeth 50, Richard 22, Nancy 20 (46)
WHITE, Geo. W. 30, Lucinda J. 25, Samantha E. 5, Talmege? 3 (f), Martha R. 3/12 (14)
WHITE, Geo. W. 36*, Juda 36, John W. 12, James L. 8, Mary J. 2, Sarah 62 (19)
WHITE, Henry 16?* (27)
WHITE, Henry 24 (B), Amanda 22, Nash 1, Jane 60, Margaret 22, Elizabeth 30, Nadza? 5 (m), Hanah B. 6/12 (13)
WHITE, Henry 30, Cassia 26, George 12, Sissie 5, Susie 2 (33)
WHITE, Herrial A. 25, America J.? 25, Mary 60 (47)
WHITE, Isaac 28, Sarah E. 34, Arthur R. 6, John L. 2, no name 1/12 (m) (14)
WHITE, J. H. R. 45 (m)*, Clemency H. 32, Minna R? 14, James O. 12, Sallie E. 10, Mattie B. 6, Mollie 3 (17)
WHITE, James 20, Susan 19 (100)
WHITE, James A. 58, Anna 59, Martha A. 16 (19)
WHITE, James W. 28, Finetta 20, Mosco 2, Luther 8/12 (45)
WHITE, Jasper N. 32, Anjeline 31, James W. 9, George F. 7, William J. 5, Nolah A. 3, Luthur K. 10/12 (15)
WHITE, John 85*, Alice 20 (45)
WHITE, John S. 23*, Ligy E. 18 (f), Mary E. 10/12 (78)
WHITE, Jordan 25? (B), Emeline 20?, John 10, Laura S. 3, Martha 1 (47)
WHITE, Josaph 63, Malinda 60, Cloa A. 28, Joseph W. 18 (16)
WHITE, Joseph 62, Joseph 39, John N. 20 (11)
WHITE, Josephus 8* (37)
WHITE, Logan 34, Basheba 33, Thos. J. 13, Nancy C. 6, Sarah C. 4, Stephen S. 1 (16)
WHITE, M. H. 35 (m), Susan 45, Ben F. 14, Melinda 11, William 65, Dorcas 70 (27)
WHITE, Nathaniel 43, Casanda 40, Eliza A. 20, Joseph E. 19, Matilda F. 18, Sarah E. 16, Mahalia S. 15, Mary M. 11, Wm. J. 6 (60)
WHITE, Niel 31, Eliza 23, Stella C. 3, Laura B. 1 (3)
WHITE, Sarah 17* (35)
WHITE, Sidney J. 6* (30)
WHITE, Ulissus 11* (74)
WHITE, Wesly 35, Elizabeth A. 34, Melissa E. 13, Dora H. 11, Effy T. 9, John O. 5, Dezimonial 3 (f) (47)
WHITE, William A.? 30, Amanda J. 22, Nettie E. 4, Oscar L. 2 (45)
WHITLEY, James H. 27, Manda C. 26, William P. 5, Ader S. 3, Emery C. 1 (87)
WHITLEY, James M. 62*, Alcy M. 57, Nicyann B. 33, Serena M. 22, John F. 21, Orvil E. 19, Magnola 11 (86)
WHITLEY, Jefferson C. 43, Ann E. 33, Frances J. 14, John T. 10, Prudila C. 8, Joshua W. 6,

1880 Census Macon County Tennessee

Cora H. 4 (86)
WHITLEY, Joel 22, Pomelia M. 26, James S. 9/12 (85)
WHITLEY, John T. 28, Mary A. 28, Ann L. 5, Ann 2 (7)
WHITLEY, Kinchen 63, Lucinda 53, Sue H. 26, Jones? 24, Kinchen 20, William S. 16 (84)
WHITLEY, N. B. 47 (m), Mary E. 44, Letha A. 20, Wiley B. 17, William J. 12, Sarah E. 10 (85)
WHITLEY, W. A. 52 (m), Sue S. 46, Vincin M. 24, Marmaduke 22, Cleman C. 20, Jerrusia M. 12, Armissa C. 8, Evelina 4 (84)
WHITLEY, William T. 29, Sarah E. 23, Ader M. 3, Emmer S. 2 (86)
WHITTAMORE, C. 50, Celia J. 33, Sidney 19, Charlie 13, Mary 10, Wilson 6, Martha 3, Clarinda 19, Arane 60 (33)
WHITTIMORE, Joseph 20?*, Florence 16 (43)
WICKS, Mary J. 55, H. P. 32 (m), I? N. 27 (m), Calpurnia 30 (24)
WIGGINS, James 21* (55)
WILBERN, Victora 15*, Mary S. 16, John E. 11, Adline 6 (60)
WILBORN, Sallie 20* (B) (57)
WILBUN, Thomas P. 32, Parrilee 31, Laura E. 5, Evins S. 4, Lithie 1 (63)
WILBURN, B. F. 25 (m), Caroline 22, Booker M. 3, Murphey 1/12 (56)
WILBURN, Tennelle W. 4* (65)
WILBURN?, Charles 47, Mary J. 34, L. H. 11 (f), S. S. 10 (f), N. A. 3 (f), J. R. 1 (m) (6)
WILBURN?, Evans S. 70, Lydia 66, Malinda G. 26, Evans R. 18 (63)
WILLIAM, William B. 43, Frances A. 43, Hesekiah 20, Liza S. 17, Newton 14, Mary J. 11, William C. 9, Edney C. 3 (99)
WILLIAMS, G. W. 32, Ara A. 32, William T. 8, Mahaly 6, John F. 4, Kindred S. 2 (89)
WILLIAMS, Green B. 53, Malvina 49, Harriet 20, Green B. 19, Rutha E. 16, Tim W. 14, Hester 10 (52)
WILLIAMS, Henry O. 49, Margaret J. 45, Robt. H. 17, Mary E. 14, Thomas S. 11, Richard 9, James H. 7, Cora Ann 6, Nora D. 2 (2)
WILLIAMS, J. J. 30 (m), Margerett C. 25, Sarah F. 2, James T. 1 (94)
WILLIAMS, Jesse 34, Sarah L. 27, Richard E. 8, Nathaniel M. 6, Flora A. 4, Helin F. 2, Hershell H. 6/12 (2)
WILLIAMS, John 22* (31)
WILLIAMS, John 57, Elizabeth 41, Marlin L. 9 (99)
WILLIAMS, John R. 25, Margaret A. 25 (19)
WILLIAMS, Minerva 45*, William H. 22, Micajah Y. 18 (19)
WILLIAMS, Richd. 75 (2)
WILLIAMS, Seay? W. 38, Zalla A. 22, Robert E. 3, Mary S. 2 (89)
WILLIAMS, T. C. 23 (m), L. A. 22 (f), Luther C. 1, Martha 70 (9)
WILLIAMS, Thos. A. 40, Rutha E. 31 (2)
WILLIAMS, W. B. 64, Amandy 54, Hellan B. 17, Sue Butler P. 28, Hellen C. 8, William B. 5 (88)
WILLIAMS, W. R. 31 (m)*, Sarah M. 30, Mary E. 5, Laura R. 3 (30)
WILLIAMS, Wesly J. 26, Parilee 21, Burtee S. 1 (f) (88)
WILLIS, James 28, Emeline 28, John H. 9, Fannie T. 7, Rosey? 4 (14)
WILLIS, James A. 52*, Rebeca 45 (72)
WILLIS, Larkin 63*, Juda 55, Delphia A. 32, Wm. L. 27 (66)
WILLIS, Rachel 78, Martha 50 (63)
WILLMORE, James 25, Sarah J. 20 (64)

1880 Census Macon County Tennessee

WILLMORE, Neal 36*, Julia A. 28, Emma S. 7, George B. 1 (98)
WILLSON, Elmotta J. 38* (77)
WILLSON, Emaline C. 32* (70)
WILMAN, Brantley 72, Margaret 70, Henry 36, Alexander 21 (2)
WILMAN, Dru 48, Ruth? 37, Louisa 13, Margrett 10, Bennett 7, Gilbert 3, Wheeler 1 (8)
WILMONG, Isaah 65, Sinda J. 25, John J. 19, Sarah J. 13, Julia A. 11, Gerge T. 9, Marinda R. 7, Maron S. F. 5 (84)
WILMORE, Bradley 72, Margrett 70, Eusley A. 23 (98)
WILMORE, Laura 13* (7)
WILSON, Cassaday 28* (90)
WILSON, E. T. 33 (m), Eletha C. 29, Andrew C. 15, Mary A. 12, Eliza A. 10, Alvin E. 8, Albert W. 5, Richard 3, Eddie O. 8 (97)
WILSON, Mary 58* (63)
WINKLER, John S. 55*, Jane 56 (92)
WITCHER, Jas. L. 36, Mary 26, Bailey 3? (93)
WITCHER, W. C. 31 (m), Martha B. 31, J. W. 10 (m), Ida L. 6, Charles 3 (9)
WITCHER, William 22, Margerett J. 25, Charlie G. 7/12 (97)
WITT, Calvin 72*, Mary J. 35, Margrett J. 11, Sarah E. 8, George W. 5, James C. 3, Cora E. 1 (94)
WOMACK, John M. 46*, Nannie 39 (56)
WOOD, A. J. 47 (m), L. M. 36 (f), Mattie B. 8, James G. S. 6 (3)
WOOD, Green 58, Aldy 42, Vinnie 18, Lucy 9, Mary 7, Harry 5, Eliza C. 3, Wade H. 6/12 (100)
WOOD, Manerva F. 40* (67)
WOOD, Martha 50* (25)
WOODARD, W. H. 23 (m)*, Mary V. 18, John H. 6/12 (1)
WOODCOCK, Mary 76, Aley C. 53 (33)
WOODCOCK, Nathan 57*, Nancy 37, Amanda 3 (16)
WOODCOCK, Smith 66, Agnes 57 (33)
WOODCOCK, Thomas J. 51, Martha 32, Malissa 12, Sidney Z. W. 10, Walter C. 8, Edna B. A. 5, Laura? M. 2 (16)
WOODCOCK, W. E. 33 (m), Artemisa A. 36, Sarah M. 12, Amanda S. 10, Lucinda E. 8, Samuel S. 5, William L. 2, Phepa? A. 1/12, Hanah 56 (19)
WOODCOCK, Wiley 71, Hariet 58, Sarah E. 31, W. S. 22 (m0, Nathan C. 19, Melissa C. 16, Marcus J. 12 (69)
WOODS, Betsy A. 50, Frank W. 17, Natha A. 14 (f), William H. 11 (20)
WOODS, Lishia 19 (m), Sarah M. 24, Mary A. M. 4/12 (79)
WOODS, Nancy J. 11* (79)
WOODWORD, Berry 64, Isabella 54, Elizabeth 30, Josphine B. 19, Lucy Jane E.R. 16, James A.F.M. 13 (97)
WOOLLY, Doctor B. 28*, harriet R. 25, Magary A. 4 (53)
WOOTEN, Jas. T. 38, Sophy E. 26, John R. 3, L. L. 2 (f), Lydia 66 (27)
WOOTTON, John S. 31, Rebeca M. 26, Geo. J. 4, Girda A. 1 (2)
WOOTTON, Mahala 53, Orra B. 24, John E. 20, Elmarine E. 18 (77)
WRIGHT, Andrwe J. 48* (B), Ritha 39, Charley 10, Noah F. 8, Rutha 4, Moses 1 (58)
WRIGHT, Charley B. 35*, Nancy J. 27, Benett 4, Rutherford F. 2, Joseph P. 1, Iethie S. 2/12 (61)
WRIGHT, Cyrus 39* (B), Linda 28, Wm. F. 8, Sarah J. 6, Thomas J. 5, John W. 3, Amanda

1880 Census Macon County Tennessee

R. 17, Laura B. 15 (58)
WRIGHT, Henry 23 (B), Ellen 19, James P. 4/12 (57)
WRIGHT, James F. 41*, Adline D. 43, James A. 18, Lethie S. 15 (54)
WRIGHT, Robt. B. 26, Nancy 25, Jesse M. 4, Cora B. 2, Ethrage 7/12 (55)
WRIGHT, Sam 19* (B) (38)
WRIGHT, W. R. 53 (m)*, Angeline 50, Morgan 17, J. F. 15 (m), Charley A. 13 (54)
WRIGHT, Wm. H. 20 (B), Sallie 16 (58)
YORK, J. M. 24 (m), Lucinda 20, Smith 2 (95)
YORK, James M. 39, Nancy A. 34, George W. 16, Richard W. 11, Matilda A. 9, Tipton P. 6, Shaney? R. 4 (m), Jarusha B. 2 (92)
YORK, John H. 57, Nancy 57, Elizabeth 30 (92)
YORK, Lady 21, Sarah E. 19, Minla M. 1/12? (89)
YORK, Lidy 48?, Kindred J. 22, Critton L. 17 (92)
YORK, Thomas G. 36, Matilda J. 28, Alex 10, Mary M. 5, Alex 22 (91)
YORK, William 24, Elizabeth 23 (92)
YORK, William 35, Martha E. 35, James H. 16, Becky J. 13, Margrett F. 11, William W. 9, Sarah E. 6, Samuel N. 4, Louey R. 3 (f), Matilda 7/12 (92)
YOUNG, H. S. 64 (3)
YOUNG, Joe 24, Manda 27 (97)
YOUNG, Scoford 70, Lucy 40, Samuel S.A.S. 3 (97)
YOUNGER, James 29, Frances A. 48, Leonadas C. 21, Martha J. 19, Liza M. 17, James H. 14, Gorge R. 12, Thomas J. 10, Allice E. 8, Fannie E. 5 (99)

www.ingramcontent.com/pod-product-compliance
Lightning Source LLC
Chambersburg PA
CBHW070518090426
42735CB00012B/2837